CW00508548

Je comprends to

CE2
Français

Direction de collection :
Isabelle **Petit-Jean**
Professeure des écoles

Auteure :
Céline **Charrière**
Professeure des écoles

Illustrations :
Paul **Beaupère**
Tomatias

www.**orthographe-
recommandee**.info

Sommaire

© Nathan 2016. ISBN : 978-209-189473-7 pour la présente édition. © Nathan 2011. ISBN : 978-209-188291-8 pour la première édition.

1 Classer les mots

Je retiens

Les mots appartiennent tous à une classe.

- Le **nom** désigne une chose, un animal, une personne.
  table, chien, boucher
- L'**adjectif** vient compléter le nom.
  petit, magnifique, peureux
- Le **verbe** peut se conjuguer.
  dormir, manger, être
- Le **pronom sujet** est employé à la place d'un nom ou d'un groupe nominal.
  je, tu, il, elle, on, nous, vous, ils, elles
- Le **déterminant** se place devant le nom.
  – le, la, les
  – un, une, des
  – au, aux, du
  – mon, ton, son, ma, ta, sa, notre, votre, leur, mes, tes, ses, nos, vos, leurs

Pourquoi faut-il classer les mots ?

Parce que ça aide de connaitre leur identité !

Je m'entraine

1 Entoure les noms.

maison – niche – dangereux – chèvre – berger – montagneux – promenade – délicieux – gai

2 Classe les mots dans le tableau.

danser – danse – spectacle – jouer – acteur – s'amuser

Noms	Verbes
....	....
....	....
....	....

3 Barre l'intrus.

a. dormir – parler – cahier – vouloir

b. heureux – grandir – grand – minuscule

c. splendide – monument – architecte – cathédrale

J'approfondis

4 Remplace les déterminants par le, la, les.

Ton chien est trop gros. Mon chat en a peur. Ses aboiements sont terrifiants. Sa mâchoire est monstrueuse. Peux-tu faire taire ton chien ?

....

....

....

5 Souligne tous les pronoms sujets.

a. Je rigole souvent.

b. Tu me fais beaucoup rire.

c. Nous avons le même humour, tant mieux.

d. Vous n'appréciez pas nos blagues, dommage !

6 Forme une phrase comprenant au moins : un verbe, deux noms, un adjectif et un déterminant.

....

....

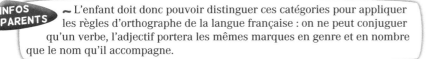

INFOS PARENTS ~ L'enfant doit donc pouvoir distinguer ces catégories pour appliquer les règles d'orthographe de la langue française : on ne peut conjuguer qu'un verbe, l'adjectif portera les mêmes marques en genre et en nombre que le nom qu'il accompagne.

As-tu réussi ?

2 Identifier les noms

Je retiens

Les mots qui servent à désigner des animaux, des personnes, des choses s'appellent des **noms**. Il en existe deux catégories.

● **Les noms communs** désignent des choses, des personnes, des animaux en général : un cheval, un poney, une écurie, une course. Devant, il y a un déterminant : un, une, le, la, les, des, notre, ce...

● **Les noms propres** désignent une personne, un animal ou un endroit qui sont uniques : Léonie, Milou, Paris, France. Ils commencent toujours par une **majuscule**.

Pourquoi écrit-on les prénoms avec des majuscules ?

On n'est pas des choses !

Je m'entraine

1 **Voici des noms. Souligne les noms propres et entoure les noms communs.**

chat – Mistigri – paille – Lyon – Marseille – Pauline – foin – abreuvoir – sel – Paris

2 **Souligne les noms communs.**

Ce poney est très beau. Sa crinière frisée vole dans le vent. Quand il galope, ses sabots se posent en faisant un doux bruit. Les longs crins de sa queue font une jolie natte.

3 **Entoure les noms propres.**

Ce poney s'appelle Etik, c'est le poney de Gabrielle, la petite fille de monsieur Seguin. Gabrielle et son amie Inès s'en occupent tous les jours. Monsieur Seguin les aide souvent.

4 **Écris :**

a. trois noms propres :

....

....

b. trois noms communs :

....

....

J'approfondis

5 **Recopie les noms dans la colonne qui convient.**

Monsieur Seguin a aussi deux chevaux. Le cheval s'appelle Duéro et la petite jument s'appelle Diane. Ils ont eu un poulain. Gabrielle l'a appelé Titou. Il a une tache qui ressemble à la Corse sur le front.

Noms communs	Noms propres
....	....
....	....
....	....
....	....
....	....
....	....

6 **Indique si chaque mot en gras est un nom commun (N) ou un verbe (V).**

a. Je **selle** (............) mon cheval.

b. Nous mettons la **selle** (............) aux poneys.

c. Il y avait le **double** (............) de monde.

d. Je **double** (............) le poney de devant.

e. Ce poney **file** (............) très vite.

f. Ce poney a doublé toute la **file** (............).

INFOS PARENTS

~ Isoler un nom dans un texte est important pour les leçons qui vont suivre, et qui concernent le groupe nominal.
~ Cette notion sera surtout traitée en cycle 3, à partir du CM1.

3 Identifier le déterminant

Je retiens

*C'est **mon** canapé et **ma** télé !*

- Le **déterminant** est un petit mot qui s'écrit devant le nom commun et parfois devant le nom propre. Il fait partie du **groupe nominal**.

les maisons, le tapis, la France

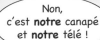

*Non, c'est **notre** canapé et **notre** télé !*

- Le **déterminant** nous apprend si le nom est féminin ou masculin et s'il est au singulier ou au pluriel.
- Chaque déterminant apporte un sens différent :
 une maison rouge, **ta** maison rouge, **cette** maison rouge, **leurs** maisons rouges…

Je m'entraine

1 **Dans chaque groupe nominal, entoure le déterminant et souligne le nom.**

la cheminée – mes vêtements propres – notre vieux chien – leur maison – cette grande cuisine – du chocolat fondu – cette armoire immense – ses chaussures sales

2 **Souligne chaque nom commun et entoure son déterminant.**

Dans la cuisine, il y a une table, des chaises, l'évier et la cuisinière. La table est grande, nous sommes huit. Toutes les chaises sont occupées.

3 **Souligne chaque nom commun et entoure son déterminant.**

Cette semaine, chez mon amie Maya, nous avons mangé ce fameux gâteau que sa maman sait faire. Elle met du chocolat noir, du beurre et du sucre. Nos gouters sont délicieux avec un verre de lait froid.

J'approfondis

4 **Classe les déterminants dans le tableau. Certains vont dans deux cases.**

cette – la – notre – des – leurs – une – ce – ma – ton – ses – vos – ces – les

	Singulier	Pluriel
Masculin		
Féminin		

5 **Entoure les groupes nominaux (nom et déterminant) dans chaque phrase.**

C'est enfin le printemps. Je vais pouvoir sortir de la maison. J'adore jouer dans la rue avec mes copains. Nous faisons du vélo, des jeux, du football. Fini l'hiver !

6 **Choisis le déterminant qui convient.**

…………… yaourt est …………… produit laitier. …………… lait est fabriqué par …………… vache. Quand elle a eu …………… veau, elle produit …………… lait. Après, …………… lait est emporté dans …………… usine où il est trans-formé en yaourt.

 INFOS PARENTS ~ Même si tous les déterminants ne sont pas vus au CE2, il est important déjà de montrer aux enfants, dans leurs lectures, que chaque déterminant apporte un sens précis à la phrase.

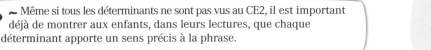 

5

Je retiens

- Pour apporter des précisions sur le nom, on utilise un **adjectif**.

un	petit	village	charmant
déterminant	*adjectif*	*nom*	*adjectif*

- Certains adjectifs s'écrivent avant le nom, d'autres après, comme à l'oral.
- Les adjectifs s'accordent avec le nom auquel ils se rapportent.

  des petit**s** village**s** charmant**s**
  une petite ville charmant**e**
  des petit**es** ville**s** charmant**es**

On peut dire : une fille épuisante ?

Oui, mais on peut surtout dire : une fille belle, agréable et amusante !

Je m'entraine

1 **Recopie les mots dans la bonne colonne.**

épais – arbre – blanc – jardin – fleuri – banc – statue – énorme

Noms communs	Adjectifs
....	....
....	....
....	....
....	....

2 **Entoure les adjectifs.**

a. un grand clocher magnifique

b. une forêt éloignée

c. des rues étroites

d. ce boulevard large

e. les trottoirs trop étroits

f. les bruyants voisins

3 **Entoure les adjectifs et souligne les noms.**

Dans notre beau village, il y a des petites maisons neuves. Les nouveaux habitants ont de grands enfants. Tant mieux, maintenant, j'ai des copains drôles et gentils.

J'approfondis

4 **Complète avec l'adjectif proposé. Fais l'accord.**

a. des (*haut*) .... barrières

b. des lianes (*énorme*) ....

c. cette (*minuscule*) .... statue

d. une (*joli*) .... promenade

e. le banc (*public*) ....

5 **Ajoute les adjectifs qui conviennent.**

a. Lors de ma .... promenade,
petit, petite, petites
j'ai vu deux pies ....
bicolores, bicolore

b. Elles se chamaillaient sur la ....
vieille, vieilles
statue, derrière le .... arbre.
grand, grande

c. Elles mangeaient du pain ....
sec, secs, sèche
sur le sol ....
mouillée, mouillées, mouillé

As-tu réussi ?

5 Accorder le groupe nominal

Je retiens

Tous les mots du groupe nominal (déterminant, nom et adjectif) **s'accordent**.

- Si le nom est au **pluriel**, tout le groupe nominal sera au pluriel.

  des match**s** passionnant**s** ➡ La marque du pluriel est le plus souvent le **s**.

- Si le nom est **féminin**, tout sera féminin.

  une parti**e** passionnant**e** ➡ La marque du féminin est le plus souvent le **e**.

- Si le nom est **féminin** et au **pluriel**, tout sera accordé au féminin et au pluriel.

  des parti**es** passionnant**es** ➡ La marque du féminin pluriel est **-es**.

Tu es un garçon râleur !

Et toi une fille râleuse !

Je m'entraine

1 **Entoure ce qui a changé dans chaque paire de groupes nominaux.**

- **a.** un grand terrain — des grands terrains
- **b.** une petite balle — des petites balles
- **c.** un maillot bleu — des maillots bleus

2 **Classe ces groupes nominaux : remplis le tableau avec les lettres.**

a. un chien abandonné ; **b.** le terrain vague ; **c.** une vieille voiture rouge ; **d.** ces affreux monstres ; **e.** ces coupes de football ; **f.** la petite balle

	Singulier	Pluriel
Masculin		
Féminin		

3 **Souligne les groupes nominaux et recopie-les au bon endroit.**

Hier, nous avons fait un match de basket. Les filles sont teigneuses. Grâce à elles, nous avons gagné cette partie endiablée. Nos adversaires étaient désespérés !

- **a.** Féminin singulier : ....
- **b.** Féminin pluriel : ....
- **c.** Masculin singulier : ....
- **d.** Masculin pluriel : ....

J'approfondis

4 **Change par le nom proposé et accorde le groupe nominal.**

a. les nageuses célèbres (nageur)

....

b. un joueur volontaire (joueuses)

....

c. la coupe gagnée (tournois)

....

d. des mauvais coups (passe)

....

5 **Accorde, si besoin, les mots en gras.**

Aujourd'hui c'est le **grand**........ **jour**........ ,
le **nouveau**........ **car**........ nous a emmenés
chez les **meilleur**........ **joueur**........ Nous
allons jouer contre nos **adversaire**........
préféré........ Nos **gentil**........ **entraineur**........
nous ont prévenus : « Utilisez votre **fin**........
intelligence........, vos **force**........ **vive**........ et
vos **gros**........ **muscle**........ Gagner fera de vous
les **meilleur**........ **joueur**........ de l'année ! »

INFOS PARENTS ~ Cette leçon reprend toutes les précédentes. Elle permet à votre enfant d'automatiser l'accord dans le groupe nominal. Ne vous inquiétez pas s'il n'accorde pas tous les mots lors de l'écriture libre (courrier, par exemple). Aidez-le à se relire et à utiliser tout ce qu'il sait pour se corriger.

As-tu réussi ?

6 Repérer le verbe dans une phrase

Le verbe, c'est le mot situé à peu près au milieu de la phrase.

Pas du tout, le verbe, il faut le chercher, ce n'est pas magique !

Je retiens

- Pour trouver le verbe dans une phrase, on change le temps de la phrase.

    En luge, je **descends** très vite. (présent)
    En luge, je **descendais** très vite. (passé)
    En luge, je **descendrai** très vite. (futur)

    } Le mot qui change est le verbe. Le verbe conjugué est descends.

- Certaines phrases peuvent avoir plusieurs verbes.

    En ski, je **tombe** et je **pleure**.

Je m'entraine

1 Souligne les verbes.

a. Le vent soufflait.

b. Le vent soufflera.

c. Il fait très beau.

d. Il a fait très beau.

e. Théo joue dans la neige.

f. Théo jouera dans la neige.

2 Réécris ce texte au futur en t'aidant de ces verbes.

protégera – fera – aimerai – aurai

J'aime l'hiver. Pourtant, il fait très froid. Mais, j'ai de la chance, mon bonnet protège mes oreilles.

....

....

....

3 Réécris ce texte au passé en t'aidant de ces verbes.

avons mangé – étions – oubliais – supportais

Nous serons à la montagne. Nous mangerons du fromage. Je supporterai le froid. Je n'oublierai pas mes gants !

....

....

....

J'approfondis

4 Souligne le verbe conjugué dans chacune des phrases.

a. Ma grand-mère est une montagnarde.

b. Sa peau sent le soleil.

c. Le matin, elle va toujours dehors.

d. Elle regarde le ciel avec calme.

e. Elle sait toujours annoncer le mauvais temps.

f. Bien sûr, chaque fois, elle a raison !

5 Souligne les verbes conjugués. Attention, certaines phrases en ont plusieurs !

a. Mon grand-père s'occupe des brebis.

b. Elles n'aiment pas le sel que l'homme jette au sol, à cause du verglas.

c. Alors mon grand-père ne met pas de sel, il ne veut pas.

d. Et nous, nous glissons, pirouettons, patinons, tombons et surtout rigolons !

6 À ton tour, termine cette phrase avec trois verbes.

Quand il neige, nous ....,

.... et ....

INFOS PARENTS ~ Les enfants de CE2 n'arrivent pas toujours à repérer le verbe en lisant simplement la phrase. Dans la phrase : *Il semble endormi*, le verbe est *semble*. Changer le temps de la phrase est la manipulation la plus sure : *Il **semblait** endormi*.

7 Identifier le sujet du verbe

Je retiens

> Qui a fait cette bêtise ?

> C'est Paul qui a fait cette bêtise ! Et ce n'est pas moi !

- Le sujet du verbe est le mot ou groupe de mots **qui peut être encadré par « c'est … qui »**.

  Nous allons au cinéma. → C'est **nous** qui allons au cinéma.
  Le sujet est **nous**.

  Mon frère et ma sœur verront ce film demain.
  → C'est mon frère et ma sœur qui verront ce film demain.
  Le sujet est **mon frère et ma sœur**.

Je m'entraine

1 **Réécris les phrases en enlevant « c'est … qui ». Souligne le groupe sujet.**

C'est ce film qui est génial. → *Ce film est génial.*

a. C'est nous qui l'avons déjà vu.

....

b. C'est Merlin qui est un magicien.

....

c. C'est Cendrillon qui se marie avec le prince.

....

2 **Ajoute « c'est … qui » et réécris les phrases. Souligne le groupe sujet.**

Le héros gagne toujours à la fin. → *C'est le héros qui gagne toujours à la fin.*

a. Le dimanche, nous avons le droit de regarder les dessins animés. ....

....

b. Les enfants et les parents ne travaillent pas le dimanche. ....

....

3 **Souligne le groupe sujet dans chacune des phrases.**

a. Mon ami et moi détestons le cinéma.

b. Le cinéma est une grande télévision.

c. Nous préférons voir des films chez nous.

J'approfondis

4 **Transforme les phrases pour que le sujet soit après le verbe.**

Aujourd'hui le beau temps arrive.
→ *Aujourd'hui arrive le beau temps.*

a. Dans le jardin les enfants crient.

....

b. Dans l'arbre l'oiseau chante.

....

c. Dans la nuit un cheval blanc galope.

....

5 **Souligne les verbes et entoure leurs sujets.**

Les bandes dessinées sont mes livres préférés.
Astérix et Obélix m'amusent beaucoup.
La marchande de poisson crie et hurle tout
le temps. Dans ma classe, plein d'enfants ont lu
Astérix.

6 **Invente des sujets pour compléter ces phrases.**

a. Le jour, ...
sortent.
b. La nuit, ...
vont s'amuser.
c. Depuis longtemps, ...
font peur.

As-tu réussi ?

8 Utiliser les pronoms sujets

Je retiens

● Le pronom sujet est un petit mot qui remplace un sujet.

singulier		pluriel	
1re personne	**je**	1re personne	**nous**
2e personne	**tu**	2e personne	**vous**
3e personne	**il, elle, on**	3e personne	**ils, elles**

Le lion mange la gazelle. **Il** mange.
Cette fille mange trop de chocolat. **Elle** mange.
Mon frère et moi mangeons des frites. **Nous** mangeons.
Tes amis et toi buvez du lait. **Vous** buvez.
Les enfants mangent des légumes. **Ils** mangent.
Les filles adorent les viennoiseries. **Elles** adorent.

Les filles sont agaçantes. Les filles sont marrantes !

Dis plutôt : **Les filles** sont aga- çantes, mais **elles** sont marrantes !

Je m'entraine

1 **Entoure les pronoms sujets.**

a. Hier, je suis allée chez des amis avec mes parents.

b. Nous étions très contents.

c. Ils avaient préparé une fondue.

d. Évidemment, elle était succulente et copieuse.

e. Comme toujours, je me suis régalée.

2 **Relie le sujet au pronom qui convient.**

a. ma cousine   ●   ● ils
b. les filles   ●   ● elle
c. les garçons   ●   ● elles
d. Annie et moi   ●   ● vous
e. Marie et toi   ●   ● il
f. Albert   ●   ● nous

3 **Remplace le sujet souligné par un pronom.**

a. <u>Le cuisinier</u> travaille. ....

b. <u>Les apprentis</u> obéissent. ....

c. <u>La marmite</u> chauffe. ....

d. <u>Les pommes</u> murissent. ....

e. <u>Toi et moi</u> dévorons. ....

J'approfondis

4 **Souligne le groupe sujet et remplace-le par un pronom.**

a. Ce restaurant n'est pas agréable. ....

b. Les serveuses et les serveurs ne sourient jamais.
....

c. Dommage, la nourriture est très bonne.
....

d. Mon père et moi adorons leur filet de daurade.
....

e. La prochaine fois, tes parents et toi viendrez avec nous. ....

f. Les viandes et les carottes sont délicieuses.
....

5 **Invente un groupe sujet pour remplacer le pronom.**

a. Elles mangent du requin. ....

b. Nous dévorons de tout. ....

c. Vous n'aimez rien. ....

As-tu réussi ?

INFOS PARENTS
~ Quand un enfant écrit, il a tendance à répéter le groupe sujet et a beaucoup de mal à le remplacer par un pronom. Aidez-le à réécrire ses phrases pour l'habituer à éviter les répétitions.
~ Proposez-lui de raconter d'abord à l'oral ce qu'il va écrire : quand ils parlent, les enfants utilisent plus facilement les pronoms.

9 Accorder le verbe avec son sujet

Je retiens

Si le sujet est au pluriel...

- C'est le groupe sujet qui commande le verbe. On dit que **le verbe s'accorde avec son sujet**.
- Si le groupe sujet est au singulier, le verbe s'écrit au singulier.
- Si le groupe sujet est au pluriel, c'est-à-dire quand il y a plusieurs personnes, animaux..., le verbe s'écrit au pluriel, il se termine par **-nt**.

L'enfant jou**e** dehors. → Il jou**e** dehors.
Les enfants jou**ent** dehors. → Ils jou**ent** dehors.

... le verbe l'est aussi !

Je m'entraine

1 Relie le sujet au verbe qui lui correspond. Il y a plusieurs solutions.

a. il •   • chantent
b. elle •   • court
c. on •   • se cache
d. ils •   • glissent
e. elles •   • s'amuse

2 Relie les groupes sujets avec les suites de phrases qui conviennent.

a. Le toboggan •   • préférons le bac à sable.
b. Roméo et Jules •   • tapent dans un ballon.
c. Tu •   • est immense.
d. Vous •   • vas en promenade.
e. Toi et moi •   • faites du toboggan.

3 Entoure le verbe qui convient.

a. Les jeux d'enfants *plait – plaisent* même aux parents.

b. Ce matin, des familles nombreuses *est venue – sont venues*.

c. La maman *doit – doivent* avoir les yeux partout.

d. Tous les enfants *glisse – glissent* sur le toboggan.

e. Ce petit garçon *rit – rient* très fort.

J'approfondis

4 Ajoute -e ou -ent.

a. Ma maman refus.......... que je fasse du toboggan.

b. Elle préfèr.......... le bac à sable.

c. Mon papa et mon frère jou.......... au ballon.

d. Ils ador.......... le sport.

5 Réécris en mettant le groupe sujet au singulier.

a. Les filles chantent et dansent.
....

b. Les chiens sautent et aboient.
....

6 Réécris ce texte en changeant un garçon par deux garçons.

Un garçon se promène dans le parc. Il marche tout doucement. Il porte un petit chien noir. Il le pose délicatement par terre et le regarde partir en courant.

Deux garçons ....
....
....
....
....
....

INFOS PARENTS ~ La difficulté de cette leçon réside dans le fait que pour certains verbes, l'accord au pluriel ne s'entend pas à l'oral. Or à l'écrit, si l'accord est mal fait, la phrase n'est plus lisible, et donc incompréhensible.

As-tu réussi ?

10 Connaitre les signes de ponctuation

Je retiens

C'est joli la ponctuation.

● Pour lire ou écrire, on utilise des signes de ponctuation :
– en fin de phrase, ils terminent la phrase : le **point (.),**
le **point d'interrogation (?)**, le **point d'exclamation (!)** ;
– dans la phrase, ils séparent des groupes de mots :
la **virgule (,)**, le **point-virgule (;)** ;
– dans le dialogue, ils permettent de repérer qui parle :
le **tiret (–)**, les **guillemets (« »)**.

Pff !
Ce n'est pas joli, c'est indispensable pour lire et pour écrire !

Je m'entraine

1 **Souligne la ponctuation qui marque la fin des phrases.**

C'est beau ! Tout est gelé, les arbres sont blancs. La nature dort tranquillement ; moi, je vais à l'école. Sur le chemin, je regarde la lumière briller sur les branches. Pourquoi cela ne dure-t-il pas ?

2 **Entoure la ponctuation qui ne marque pas la fin des phrases.**

Je me suis levé tôt, tant mieux. Les marronniers de la cour dorment dans leurs draps de givre ; ils ressemblent à des arbres de banquise. Mais non, ce n'est pas possible, il n'y a pas d'arbres sur la banquise.

3 **Entoure la ponctuation qui marque le dialogue.**

– Bonjour, dit une voix dans la cour.

– Qui me parle ?

Je n'avais vu personne. Si j'entends crier « Ouououhhhh », je pars en courant !

– Eh ! Tu m'entends ?

Un écureuil me parlait.

Je répondis en chuchotant : « Oui… »

J'approfondis

4 **Ajoute les points et entoure la lettre à écrire en majuscule.**

La semaine dernière, en venant à l'école, j'ai vu de drôles de choses il y avait un chat avec une souris dans la bouche j'ai vu aussi un oiseau chantant à tue-tête

5 **Ajoute ! ? . , aux bons endroits.**

a. Tous les matins ………… je me lève …………

b. J'adore jouer tous les matins ………… avant de partir à l'école …………

c. Mais ………… attention ………… je ne dois pas être en retard …………

6 **Recopie ce qui devrait être écrit entre guillemets.**

En allant à l'école, je me suis arrêté à la boulangerie.
Bonjour, je voudrais un pain au chocolat, s'il vous plait, ai-je demandé.
La boulangère m'a répondu : Bien sûr.
Merci ! lui ai-je dit.

…………………………………………………………………
…………………………………………………………………
…………………………………………………………………
…………………………………………………………………

As-tu réussi ?

INFOS PARENTS ~ Quand on écrit un texte, la ponctuation est indispensable pour qu'il soit lisible. Dans ce sens, il serait intéressant de faire lire à haute voix un des textes des exercices 1, 2 ou 3 en parallèle avec celui de l'exercice 4.

11 Différencier les types de phrases

Quand tu écris aussi, il faut mettre le bon signe de ponctuation à la fin de tes phrases.

Je retiens

C'est drôle, notre voix change quand on parle.

Toutes les phrases ne se ressemblent pas. Il en existe différents types.

- Certaines phrases posent une question : Quel est cet animal ?
Elles se terminent par un point d'interrogation (**?**). On les appelle phrases **interrogatives**.

- Certaines phrases racontent quelque chose : Les animaux se reposent.
Elles se terminent par un point (**.**). On les appelle phrases **déclaratives**.

- Certaines phrases donnent un ordre ou un conseil : Taisez-vous ! Collez votre feuille.
Elles se terminent par un point d'exclamation (**!**) ou un point (**.**). On les appelle phrases **injonctives**.

- Certaines phrases expriment un sentiment : Comme il est beau !
Elles se terminent par un point d'exclamation (**!**). On les appelle phrases **exclamatives**.

Je m'entraine

1 **Souligne en bleu les phrases qui posent une question et en rouge celles qui racontent quelque chose.**

a. Les animaux mangent des fruits.

b. Ne mangent-ils pas de l'herbe ?

c. Certains mangent aussi de la viande.

d. Et toi, que manges-tu ?

2 **Souligne en rouge les phrases qui donnent un ordre ou un conseil et en bleu celles qui exprime un sentiment.**

a. Viens vite voir le serpent jaune !

b. Beurk, je déteste les serpents !

c. Génial, des lémuriens !

d. Donne-leur un brin d'herbe.

3 **Remets les mots des phrases dans l'ordre. Aide-toi de la ponctuation.**

a. | les | Aujourd'hui, | mammouths |

| n'existent | plus. |

....

b. | donné | l'eau | animaux | de | ? |

| Avez-vous | aux |

....

J'approfondis

4 **Complète les phrases avec le signe de ponctuation qui convient.**

a. Les éléphants sont herbivores

b. Préfères-tu les lions

c. Non, quels dangereux animaux

5 **Transforme ces phrases qui expriment un fait en phrases qui donnent un ordre ou un conseil.**

Vous donnez à manger aux girafes.
→ *Donnez à manger aux girafes.*

a. Vous arrosez les éléphants.

....

b. Puis, vous soignez les animaux.

....

6 **Écris, sans oublier la ponctuation :**

a. une phrase qui raconte quelque chose :

....

b. une phrase qui exprime la joie :

....

c. une phrase qui donne un ordre :

....

INFOS PARENTS ~ Le travail sur la ponctuation est important et très long. L'enfant n'entend pas la ponctuation à l'oral et donc, souvent, l'oublie à l'écrit.

As-tu réussi ?

12 Construire des phrases interrogatives

Je retiens

Toi, tu te poses trop de questions !

Qui ? Quoi ? Comment ?...

● Pour écrire une phrase interrogative, tu peux utiliser les mots : pourquoi, quel, combien, comment... ou utiliser l'expression « est-ce que ».

Combien coute cette peluche ? **Est-ce qu'**elle est chère ?

● Tu peux aussi simplement inverser le sujet et le verbe, en ajoutant un tiret entre les deux.

Aimes-tu cette peluche ?

Je m'entraine

1 Souligne les phrases interrogatives.

a. Comment vas-tu ?
b. Pourquoi aimes-tu cet endroit ?
c. Quelle question !
d. J'adore les jouets.
e. Ne joues-tu pas ?
f. Si, tous les jours !

2 Écris comme le modèle.

Tu joues. → *Est-ce que tu joues ?*
a. Je perds. ....
b. Nous gagnons. ....
c. Vous aimez ce jeu. ....
d. Tu préfères les cartes. ....

3 Transforme les phrases comme dans l'exemple.

Tu aimes les peluches → *Aimes-tu les peluches ?*
a. Vous sautez à la corde.
....
b. Il prend son ballon.
....
c. Ils jouent à chat.
....
d. Nous allons en récréation.
....

J'approfondis

4 Complète les phrases interrogatives avec ces mots : qui, quel, comment, où, quand...

a. .... joue-t-on à ce jeu vidéo ?
b. .... est ma manette ?
c. .... vient avec moi au magasin de jeux ?
d. .... vendeur connait ce jeu ?
e. .... jouerons-nous ?

5 Voici des réponses. Écris les questions.

a. Je m'appelle Paul.
....
b. Je suis arrivé à quatre heures.
....
c. Je suis venu en voiture.
....

6 Complète ce dialogue en écrivant les phrases interrogatives.

a. – ....
– J'adore les figurines.
b. – ....
– J'en ai déjà cinq.
c. – ....
– Non, je n'ai pas de figurines de cow-boys.

As-tu réussi ?

INFOS PARENTS ~ La construction des phrases interrogatives sera travaillée de nouveau les années suivantes. Il est important, néanmoins, d'aider l'enfant à construire les différentes phrases interrogatives. Attention, quand le sujet est un groupe nominal, il est repris par un pronom : *Les enfants aiment-ils jouer ?*

13 Construire des phrases affirmatives et négatives

Je retiens

- La **phrase affirmative** peut commencer par **oui**.
  Oui, j'aime les bonbons.
- La **phrase négative** peut commencer par **non**.
  Non, je n'aime pas les haricots verts.
- Pour construire une phrase négative, on utilise une négation. Attention, cette négation est en deux parties : une avant et une après le verbe.

  ne ... pas, ne ... rien, ne ... jamais, ne ... plus, ne ... personne

Tu es toujours en train de dire non !

Normal ! Je m'entraine à construire des phrases négatives !

Je m'entraine

1 Indique la forme de chaque phrase : **A** (affirmative) ou **N** (négative). Aide-toi en ajoutant **oui** ou **non** au début de la phrase si tu en as besoin.

a. J'ai toujours aimé manger. ....

b. Je ne suis pas un ogre. ....

c. Mon frère ne mange rien, lui. ....

d. Les dames, à la cantine, ne comprennent pas cette différence. ....

2 Entoure les deux mots de la négation dans chaque phrase.

a. Hier, je n'ai pas voulu manger.
b. À la cantine, ils ne veulent jamais qu'on ne mange rien.
c. Alors je n'ai rien pu faire après.
d. Je ne pouvais plus jouer !
e. Hélas, il ne faut jamais refuser le gâteau aux épinards !

3 Colorie de la même couleur les paires de phrases contraires qui vont ensemble.

a. Tu n'as plus rien à manger.
b. Tu manges encore.
c. Tu as encore à manger.
d. Tu manges toujours.
e. Tu ne manges plus.
f. Tu ne manges jamais.

J'approfondis

4 Transforme ces phrases négatives en phrases affirmatives.

a. La sauce tomate ne fait pas de taches.
....

b. Je n'aime pas la mauvaise sauce tomate.
....

c. Elle n'a jamais préparé à manger.
....

5 Réécris ce texte à la forme négative.

Il y a des haricots verts dans mon assiette. Yanis a déjà mangé des haricots rouges.
....
....
....
....

6 Écris ces phrases à la forme négative.

a. Mangez les bonbons.
....

b. Mettez vos coudes sur la table.
....

c. Parlez la bouche pleine.
....

As-tu réussi ?

14 Identifier le verbe et trouver son infinitif

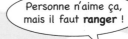

Je retiens

● Pour trouver le verbe conjugué dans une phrase, **il faut changer le temps de la phrase**.

Je **range** ma chambre.	➔	**présent**
Je **rangeais** ma chambre.	➔	**passé**
Je **rangerai** ma chambre.	➔	**futur**

Le verbe conjugué est le seul mot qui change : range.

● Pour désigner un verbe, on utilise son infinitif.

Pour trouver l'infinitif, **on emploie l'expression « il faut… »**.

Il faut **ranger**.

L'infinitif du verbe est ranger.

*Je ne **range** jamais ma chambre !*

*Personne n'aime ça, mais il faut **ranger** !*

Je m'entraine

1 **Souligne les verbes conjugués.**

a. Ma chambre est toute neuve.
b. Mes parents décorent les murs.
c. Cette décoration illumine la pièce.
d. Je revis !

2 **Barre les verbes qui ne sont pas à l'infinitif.**

mettais – aspirer – peindra – mettre – peindre – éclaircir – couvre

3 **Souligne le verbe et transforme comme dans le modèle.**

Mes parents <u>utilisent</u> des pinceaux. ➔ *Il faut utiliser.*

a. Les meubles cachent mon bazar.

....

b. Mon siège tourne et roule.

....

c. Le nouveau rideau glisse facilement.

....

d. Je dors dans le noir complet.

....

e. Le violet agrandit la pièce.

....

J'approfondis

4 **Écris l'infinitif de chaque verbe.**

Elle grandit ➔ *verbe grandir.*

a. Je dessine : verbe ....
b. Nous attendons : verbe ....
c. Ils utilisaient : verbe ....
d. Tu tiens : verbe ....

5 **Recopie cette notice en mettant les verbes à l'infinitif.**

Tu ouvres le carton. ➔ *Ouvrir le carton.*

a. Tu prends un tournevis.

....

b. Tu visses les grandes vis.

....

c. Tu assembles les deux planches.

....

6 **Souligne les verbes et écris en dessous leur infinitif.**

a. Mes amies entrent dans ma chambre.

....

b. Elles admirent la décoration.

....

As-tu réussi ?

INFOS PARENTS
~ Votre enfant doit savoir trouver l'infinitif, car c'est l'infinitif qui détermine le groupe auquel appartient le verbe.
~ Les groupes permettent de ne plus avoir à apprendre tous les verbes, mais juste un verbe modèle.

15 Classer les verbes

Je retiens

On peut classer les verbes selon leur terminaison à l'infinitif :
- les verbes qui se terminent par **-er** à l'infinitif (1er groupe) :
sauv**er** – aid**er** – tri**er** (sauf aller)
- les verbes qui se terminent par **-ir** à l'infinitif et qui se conjuguent comme *finir* (2e groupe) :
fin**ir** (nous finissons), rug**ir** (nous rugissons)
- **tous les autres verbes** (3e groupe) :
mentir – pouvoir – faire

(*Être* et *avoir* sont deux verbes particuliers.

Classer, classer ! Pourquoi tout mettre dans des groupes ?

Ça te facilitera la tâche quand tu apprendras tous les verbes !

Je m'entraine

1 **Recopie les verbes au bon endroit.**

pleuvoir – utiliser – maigrir – consommer – nettoyer – grossir – devoir – transmettre – rougir – améliorer – faire

Verbe en -er du 1er groupe	Verbe en -ir du 2e groupe	Verbes courants du 3e groupe
. . . .	. . . .	. . . .
. . . .	. . . .	. . . .
. . . .	. . . .	. . . .
. . . .	. . . .	. . . .

2 **Entoure les verbes en -er du 1er groupe.**

je protège – je salis – nous crions – ils polluent – nous aimons – elles gagnent – elle punit – tu exploses

3 **Complète comme dans l'exemple et écris le groupe du verbe.**

sentir – nous sentons : 3e groupe

a. rougir – nous . . . .

b. accueillir – nous . . . .

c. applaudir – nous . . . .

d. mentir – nous . . . .

e. partir – nous . . . .

J'approfondis

4 **Écris l'infinitif et le groupe du verbe en gras.**

a. Nous **protégeons** la planète.

. . . .

b. Cela **devient** important.

. . . .

5 **Ajoute un verbe à l'infinitif du groupe demandé.**

a. Je me dépêche de . . . .
(verbe courant du 3e groupe)

b. Nous commençons à . . . .
(verbe en -ir du 2e groupe)

c. Il est obligatoire de . . . .
(verbe en -er du 1er groupe)

6 **Souligne les verbes, écris leur infinitif et leur groupe en dessous.**

a. Hier, j'ai vu un arbre tomber.

. . . .

b. Le vent soufflait très fort.

. . . .

c. Les feuilles volaient partout.

. . . .

INFOS PARENTS ~ La classification des verbes selon leur terminaison à l'infinitif n'est pas difficile. Elle est surtout très utile !
~ Il faut bien insister sur les verbes en *-ir* qui peuvent appartenir au 2e ou au 3e groupe.

As-tu réussi ?

16 Connaitre les personnes et les pronoms

Je retiens

Pour conjuguer les verbes, on utilise les pronoms sujets.
Ils sont classés en personne et en nombre.

Qu'avez-vous fait aujourd'hui ?

Nous sommes allés en forêt.

	Singulier	Pluriel
1re personne	je	nous
2e personne	tu	vous
3e personne	il, elle, on	ils, elles

● **1re personne :** je, c'est la personne qui parle ; nous, c'est la personne qui parle et quelqu'un d'autre.

● **2e personne :** tu, c'est la personne à qui je parle ; vous, c'est la personne à qui je parle et quelqu'un d'autre ; c'est aussi une marque de politesse.

● **3e personne :** il ou elle, on remplace un groupe nominal sujet au singulier ; ils ou elles remplace un groupe nominal sujet au pluriel.

Je m'entraine

1 Entoure les pronoms sujets.

Ce matin, je suis en forme. Je décide de partir

en balade. Mon chien et moi, nous allons

à la ferme. Elle est à côté de la maison.

2 Écris le pronom qui correspond.

a. 1re personne du pluriel : ....

b. 3e personne du singulier : ....

c. 2e personne du singulier : ....

d. 3e personne du pluriel : ....

e. 1re personne du singulier : ....

f. 2e personne du pluriel : ....

3 Relie le mot ou groupe de mots au pronom qui convient.

a. mon père et moi ●   ● elle

b. mon frère et ma sœur ●   ● il

c. ma copine ●   ● nous

d. mon chien et toi ●   ● vous

e. mes grands-mères ●   ● elles

f. Ivan ●   ● ils

J'approfondis

4 Relie les groupes sujets avec les suites de phrases qui conviennent.

a. Agathe et moi ●   ● courent très vite.

b. Les chevreuils ●   ● attend le printemps.

c. Tu ●   ● sommes allés
                             dans les bois.

d. La végétation ●   ● vas cueillir des mures.

5 Écris entre les parenthèses le (ou les) personnage(s) dont il s'agit.

a. La forêt est magnifique. Elle (......................) attend tranquillement le soleil.

b. À huit heures, le matin, il (..........................) se prépare à réveiller les animaux.

c. Ils (..........................) dorment au fond de leur tanière.

6 Remplace les pronoms par un groupe nominal de ton choix.

a. Nous marchons trop vite.

....

b. Vous êtes passionnés de nature.

....

INFOS PARENTS
~ Les pronoms remplacent des mots ou groupes de mots.
~ Il est important que votre enfant sache passer de l'un à l'autre, c'est-à-dire remplacer un pronom par un groupe de mots et un groupe de mots par un pronom pour pouvoir écrire correctement le verbe.

Je retiens

Tous les verbes en -er du 1er groupe se conjuguent ainsi ?

● Au présent, **tous les verbes en -*er* du 1er groupe se conjuguent de la même façon.**
Voici le tableau des terminaisons et le verbe chanter comme exemple.

Eh oui, tu as juste à apprendre par cœur les terminaisons et voilà !

	Singulier		Pluriel	
1re personne	-e	je chante	-ons	nous chantons
2e personne	-es	tu chantes	-ez	vous chantez
3e personne	-e	il chante	-ent	ils chantent

Je m'entraine

1 **Entoure les terminaisons des verbes.**

ils crient – je dévore – nous adorons – tu souhaites – vous croquez – il contemple – elles promènent – tu montes

2 **Relie les sujets et les verbes qui vont ensemble.**

a. je (j') ●   ● dansons
b. tu ●   ● joue
c. elle ●   ● s'amusent
d. nous ●   ● sautes
e. vous ●   ● arrive
f. ils ●   ● mimez

3 **Conjugue le verbe pédaler au présent.**

1re personne du singulier	
2e personne du singulier	
3e personne du singulier	
1re personne du pluriel	
2e personne du pluriel	
3e personne du pluriel	

J'approfondis

4 **Entoure seulement les verbes conjugués au présent.**

Tous les jeudis, je danse. Mon professeur aime nous faire danser. L'autre fois, il a montré un pas de hip-hop. Nous avons rigolé. Maintenant, nous préparons notre spectacle, il restera dans les mémoires !

5 **Remplace vous par je, puis par ils. N'écris que le pronom et le verbe.**

a. Vous bavardez tout le temps.

....

b. Vous discutez sans arrêt.

....

c. Vous chuchotez trop fort.

....

6 **Complète les phrases avec le verbe proposé au présent.**

a. *passer*
Les jours .... vite.

Tu .... devant l'école.

b. *mimer*
Pendant la récréation, je .... la maitresse.

Paul et toi .... les éléphants.

INFOS PARENTS ~ Le présent des verbes en -*er* du 1er groupe est la première leçon de conjugaison. Votre enfant est confronté à l'apprentissage et à l'automatisation des terminaisons, c'est-à-dire les connaitre par cœur et les appliquer correctement.

As-tu réussi ?

18 Conjuguer au présent les verbes en -cer et -ger

Je retiens

● Tous les verbes en **-er** du 1er groupe se conjuguent tous de la même façon.

Mais, à la 1re personne du pluriel :

– les verbes qui se terminent par **-cer** comme lancer s'écrivent avec un **ç** à la place du c : nous lan**ç**ons

– les verbes qui se terminent par **-ger** comme manger s'écrivent avec un **e** après le **g** : nous mang**e**ons

Nous lançons une cédille pour faire sssssssss.

Pas mal cette formule pour ne pas oublier...

Je m'entraine

① **Souligne les verbes en -cer et entoure les verbes en -ger.**

commencer – nager – arriver – déborder –

déplacer – prononcer – saccager – foncer –

pédaler – oser – piéger

② **Conjugue le verbe lancer au présent.**

1re personne du singulier	
2e personne du singulier	
3e personne du singulier	
1re personne du pluriel	
2e personne du pluriel	
3e personne du pluriel	

③ **Complète les verbes par g ou ge et par c ou ç.**

a. Je man………e une pomme.

b. Nous balan………ons une corde.

c. Ils voya………ent depuis un mois.

d. Vous lan………ez un javelot.

e. Nous déména………ons demain.

J'approfondis

④ **Conjugue les verbes proposés à la 1re personne du pluriel au présent.**

a. Pincer : ....

b. Déménager : ....

c. Prononcer : ....

d. Interroger : ....

e. Saccager : ....

⑤ **Conjugue les verbes au présent.**

a. Nous (*remplacer*) .... la vitre.

b. Nous (*manger*) .... des cacahouètes.

c. Nous (*mélanger*) .... les couleurs.

d. Nous (*commencer*) .... à rire.

⑥ **Réécris ce texte au pluriel.**

Je commence déjà à râler. Je voyage depuis trois jours. J'efface de ma mémoire mes copains ou je mélange leurs photos. Je déménage !

Nous ....

....

....

....

....

As-tu réussi ?

INFOS PARENTS ~ Cette leçon permet déjà à votre enfant de revoir la conjugaison au présent, mais aussi de réviser comment on lit et écrit avec la lettre **g** et la lettre **c**. Cette leçon permet également de renforcer la maitrise des pronoms et des conjugaisons bien sûr.

19 Conjuguer au présent les verbes *être* et *avoir*

Je retiens

● Voici comment se conjuguent **être** et **avoir** au présent.

Être	Singulier	Pluriel
1re personne	je **suis**	nous **sommes**
2e personne	tu **es**	vous **êtes**
3e personne	il **est**	ils **sont**

Avoir	Singulier	Pluriel
1re personne	j' **ai**	nous **avons**
2e personne	tu **as**	vous **avez**
3e personne	il **a**	ils **ont**

Facile, être et avoir, je les connais déjà !

Oui, tu n'as plus qu'à savoir les écrire sans faute !

Je m'entraine

1 Relie les mots qui vont ensemble.

a. Alfred et Paul ●   ● as un skate-board.
b. Le maitre ●   ● ai un monocycle.
c. J' ●   ● avons un avion.
d. Tes parents et toi ●   ● a une moto.
e. Tu ●   ● ont un vélo bleu.
f. Papa et moi ●   ● avez une voiture.

2 Colorie de la même couleur les débuts et les fins de phrases.

a. Je	1. sont bavardes comme des pies.
b. Loïc et moi	2. es malin comme un singe.
c. Les filles	3. êtes dormeuses comme des marmottes.
d. Tu	4. suis malade comme un chien.
e. Mia et toi	5. sommes rusés comme des renards.
f. Léon	6. est fin comme un haricot.

3 Complète par le pronom qui convient.

Depuis hier, ... avons une drôle de tête. .... ai un bouton qui me chatouille. D'habitude, ... sont verts. Aujourd'hui, ... est orange.

J'approfondis

4 Transforme les phrases avec le sujet proposé.

a. J'ai peur du noir. Elle ....
b. J'ai un éléphant. Nous ....
c. J'ai mal aux dents. Ils ....
d. J'ai faim. Tu ....

5 Réécris les phrases avec le sujet proposé.

a. Je suis fatigué. Il ....
b. Je suis un clown. Tu ....
c. Je suis en France. Vous ....
d. Je suis à la maison. Nous ....

6 Complète avec avoir ou être.

a. J'................. peur de l'avion.
b. Nous .... contents de déménager.
c. Vous .... un nouveau numéro de téléphone.
d. Il .... heureux de venir me voir.
e. Elle .... une voiture jaune.
f. Tu .... aussi un vélo.

~ *Être* et *avoir* sont à connaitre parfaitement, car ils permettent d'écrire tous les temps composés. Mais pas d'inquiétude, ils seront revus les années suivantes.

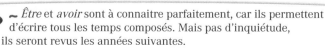

As-tu réussi ?

Je retiens

Oups ! Avec les verbes courants, ça se complique…

● Les verbes courants du 3e groupe sont différents. Ils ne se conjuguent pas tous de la même façon au présent.

On a toujours les tableaux de conjugaison pour s'aider !

	Faire	Aller	Dire	Venir
je	fais	vais	dis	viens
tu	fais	vas	dis	viens
il	fait	va	dit	vient
nous	faisons	allons	disons	venons
vous	faites	allez	dites	venez
ils	font	vont	disent	viennent

Je m'entraine

1 Ajoute le pronom qui convient.

a. .... vient
b. .... allez
c. .... faites
d. .... disent
e. .... va
f. .... dites

2 Conjugue au présent le verbe demandé.

a. Nous (*aller*) ....

b. Vous (*dire*) ....

c. Tu (*aller*) ....

d. Vous (*faire*) ....

e. Tu (*venir*) ....

3 Complète les phrases au présent avec :

a. *faire*

Il .... beau.

Nous .... un gâteau.

b. *venir*

Nous .... en train.

Je .... tout de suite.

c. *aller*

Vous .... à Madrid.

Ils .... chez toi.

J'approfondis

4 Transforme avec le pronom proposé.

a. Je viens au cirque. → Vous .... au cirque.

b. Tu dis bonjour. → Ils .... bonjour.

c. Il va au judo. → Vous .... au judo.

5 Réécris ces phrases au présent.

a. Vous faisiez du sport.

....

b. Tu allais au square.

....

c. Ils disaient n'importe quoi.

....

d. Vous viendrez demain.

....

6 Réécris ce texte au pluriel sur une feuille à part.

Je viens de rentrer. Je fais mon travail.
Après, je dis à papa que je vais dans le jardin.
Je préfère jouer dehors !

Nous ....

As-tu réussi ?

INFOS PARENTS ~ Ces verbes peuvent être très différents les uns des autres, d'où la difficulté de leur apprentissage. Au primaire, votre enfant va apprendre les verbes les plus courants, mais aussi les plus irréguliers. Ils seront retravaillés au collège.

Je retiens

● Voici quatre nouveaux verbes courants du 3ᵉ groupe.
Attention, ils ne se conjuguent pas tous de la même façon.

Allez, on se concentre ! On regarde bien les tableaux de conjugaison.

Eh bien, c'est une chance de les avoir pour ces verbes !

	Prendre	Voir	Pouvoir	Vouloir
je	prends	vois	peux	veux
tu	prends	vois	peux	veux
il	prend	voit	peut	veut
nous	prenons	voyons	pouvons	voulons
vous	prenez	voyez	pouvez	voulez
ils	prennent	voient	peuvent	veulent

Je m'entraine

1 Relie le pronom personnel au verbe qui convient.

je ● ● pouvez
tu ● ● voit
il ● ● veulent
nous ● ● prends
vous ● ● voyons
ils ● ● peux

2 Conjugue le verbe avec le pronom demandé.

a. ils (pouvoir) ....
b. nous (voir) ....
c. je (prendre) ....
d. on (vouloir) ....
e. vous (voir) ....
f. tu (vouloir) ....

3 Barre le verbe qui ne convient pas.

a. Il *veut – veulent* manger.
b. Nous *voyez – voyons* un éléphant.
c. Tu *prend – prends* le train.
d. Je *peux – peut* venir maintenant.
e. Ils *voient – vois* l'arbre jaune.
f. Vous *pouvez – peuvent* dormir.

J'approfondis

4 Transforme le verbe comme demandé.

a. Je vois la lune. → Vous .... la lune.
b. Il veut dormir. → Ils .... dormir.
c. Il peut aller jouer. → Vous .... aller jouer.
d. Nous prenons du chocolat. → Je ....
du chocolat.

5 Réécris ces phrases au présent.

a. Je prendrai l'avion. ....
b. Tu verras les nuages. ....
c. Ils voudront jouer. ....
d. Vous pourrez regarder un film. ....
....

6 Réécris ce texte au singulier.

Nous pouvons regarder la télévision mais nous voulons dormir ! Mes frères prennent leur oreiller. Ils ne voient plus rien !

....
....
....

INFOS PARENTS ~ Les verbes courants du 3ᵉ groupe sont très employés à l'oral et, hélas, même s'ils se ressemblent, l'apprentissage de leur orthographe est très long. Il faudra de la patience, avant que leur écriture ne devienne automatique.

As-tu réussi ?

23

Je retiens

Génial, le futur !
Une seule série
de terminaisons
à apprendre !

Parfois, c'est bien
la conjugaison, non ?

● Le futur sert à exprimer une action qui se fera plus tard. Les terminaisons sont les mêmes pour tous les verbes.

● Pour les verbes en -er du 1er groupe, il suffit de les ajouter à l'infinitif.

chanter → je chanter**ai**

	Singulier	Pluriel
1re personne	-ai	-ons
2e personne	-as	-ez
3e personne	-a	-ont

Verbe en -er du 1er groupe	
je	chanter**ai**
tu	chanter**as**
il	chanter**a**
nous	chanter**ons**
vous	chanter**ez**
ils	chanter**ont**

Je m'entraine

1 **Entoure les verbes qui sont conjugués au futur.**

Il y a trente ans, les gens disaient : « En l'an 2000, on marchera sur la planète Mars. »

Ou encore ils pensaient : « Les gens possèderont des grosses voitures, elles voleront sans faire de bruit. »

2 **Écris l'infinitif des verbes.**

a. Nous mangerons → ....

b. Elle dansera → ....

c. Tu joueras → ....

d. Vous pleurerez → ....

e. Ils crieront → ....

3 **Écris le pronom qui convient devant chaque verbe.**

a. .... déménageront.

b. .... explosera.

c. .... parleras.

d. .... mâcherez.

e. .... décorerons.

J'approfondis

4 **Complète les phrases en conjuguant au futur le verbe proposé.**

a. Je (*terminer*) .... mon travail et je (*classer*) .... mes feuilles.

b. Nous (*déborder*) .... d'énergie, nous (*sauter*) .... partout.

c. Ils (*aimer*) .... jouer et ils (*détester*) .... dormir.

5 **Recopie ce texte sur une feuille à part en le mettant au futur.**

Cette année, je prépare mes affaires tout seul. Je plie même mon linge. Maman semble surprise. Mes frères s'en moquent, ils n'écoutent pas, ils abiment tout.

L'année prochaine, ...

....

6 **Invente la suite sur une feuille à part.**

Quand je serai grand(e), ...

et je ....

Je ....

As-tu réussi ?

INFOS PARENTS ~ Le futur simple n'est pas toujours employé à l'oral. Souvent, on utilise le futur proche : *Demain, je vais manger des bonbons.*

Je retiens

• Les verbes **être** et **avoir** se conjuguent de façon particulière au futur.

Être		Avoir	
je	ser**ai**	j'	aur**ai**
tu	ser**as**	tu	aur**as**
il	ser**a**	il	aur**a**
nous	ser**ons**	nous	aur**ons**
vous	ser**ez**	vous	aur**ez**
ils	ser**ont**	ils	aur**ont**

Chouette, nous allons pouvoir tout imaginer...

Plus tard, je **serai** astronaute, et tu **seras** vétérinaire !

(**Attention !** La forme de ces verbes est très différente de l'infinitif.

Je m'entraine

1 **Complète avec le pronom qui convient.**

a. .... auras b. .... auront

c. .... aurez d. .... serons

e. .... seront f. .... serez

g. .... serai h. .... aurons

i. .... seras j. .... aura

2 **Complète avec le verbe avoir au futur.**

a. Ils .... une voiture.

b. Tu .... mal aux dents.

c. On .... des devoirs.

d. J'........................... un chien.

e. Nous .... des vacances.

3 **Complète avec le verbe être au futur.**

a. Tu .... drôle.

b. Ils .... malades.

c. Vous .... là.

d. Nous .... à Paris.

e. Elle .... fatiguée.

J'approfondis

4 **Complète avec être ou avoir au futur.**

a. Nous .... du travail.

b. Vous .... adultes.

c. Tu .... grand.

d. Elle .... des enfants.

e. Je .... content.

5 **Conjugue cette phrase avec le pronom demandé.**

avoir grandi, être heureux

a. Nous ....

b. Tu ....

c. Il ....

6 **Réécris ce texte au futur.**

Je suis un enfant, j'ai des copains. Ils sont gentils, ils aiment la musique. Vous écoutez une chanson, vous avez envie de danser. Ce moment est très agréable.

....

....

....

....

....

INFOS PARENTS

~ *Être* et *avoir* font partie des verbes dont les formes au futur sont très différentes de l'infinitif. Les enfants doivent donc les apprendre entièrement, et par cœur.

As-tu réussi ?

24 Conjuguer au futur les verbes courants du 3e groupe (1)

Je retiens

Je ferai tout ce que j'ai à faire demain...

Et moi, je le ferai peut-être après-demain !

	Faire	Aller	Venir	Dire
je / j'	ferai	irai	viendrai	dirai
tu	feras	iras	viendras	diras
il	fera	ira	viendra	dira
nous	ferons	irons	viendrons	dirons
vous	ferez	irez	viendrez	direz
ils	feront	iront	viendront	diront

Attention ! Ces verbes n'ont pas la même forme au futur.
Mais les terminaisons restent les mêmes.

Je m'entraine

1 **Écris l'infinitif de ces verbes.**

a. Nous ferons → ....

b. Je viendrai → ....

c. Vous direz → ....

d. Elles iront → ....

e. Tu feras → ....

f. Il ira → ....

2 **Complète au futur.**

a. Venir : tu ...., nous ....

b. Faire : tu ...., nous ....

c. Aller : tu ...., nous ....

d. Dire : tu ...., nous ....

3 **Conjugue au futur le verbe demandé.**

a. Aller : vous ....

b. Venir : tu ....

c. Faire : on ....

d. Aller : nous ....

e. Dire : ils ....

f. Venir : je ....

J'approfondis

4 **Conjugue le verbe entre parenthèses au futur.**

Nous (*venir*) .... demain. Il (*faire*)

.... beau. Vous (*aller*) ....

jouer dehors.

Nous (*aller*) .... courir, tu (*dire*)

.... que c'est amusant.

5 **Transforme ce texte au futur.**

Nous allons au cirque. Nous faisons les pitres avec les clowns. Ils sont drôles et bougent partout. Je suis content. Vous êtes avec moi et nous disons merci à nos parents.

....

....

....

....

6 **Réécris ce texte au pluriel sur une feuille à part.**

Je mangerai beaucoup. L'abricot sera juteux.
Tu diras que tu n'aimes pas ça, mais tu gouteras quand même. Il fera ta joie. Il sera si fameux.
Tu iras en chercher un autre !

 As-tu réussi ?

 ~ Le futur de certains verbes est difficile. Les tableaux de conjugaison sont un outil, comme le dictionnaire, alors n'hésitez pas à les utiliser.

Je retiens

	Prendre	Voir	Pouvoir	Vouloir
je / j'	prendrai	verrai	pourrai	voudrai
tu	prendras	verras	pourras	voudras
il	prendra	verra	pourra	voudra
nous	prendrons	verrons	pourrons	voudrons
vous	prendrez	verrez	pourrez	voudrez
ils	prendront	verront	pourront	voudront

Les terminaisons restent les mêmes.

Demain, on va voir s'il fait beau !

Dis plutôt : demain, on verra s'il fait beau !

Je m'entraine

1 Relie le pronom personnel au verbe qui convient.

a. je ● ● pourrez
b. tu ● ● verra
c. il ● ● voudront
d. nous ● ● prendrai
e. vous ● ● verrons
f. ils ● ● pourras

2 Barre le verbe qui ne convient pas.

a. Il *voudra – voudront* jouer.
b. Nous *verrez – verrons* mon chien.
c. Tu *prendrai – prendras* un bonbon.
d. Je *pourrai – pourra* courir.
e. Ils *verrons – verront* un film.
f. Vous *pourrons – pourrez* rire.

3 Conjugue le verbe avec le pronom demandé.

a. je (prendre) ....
b. on (vouloir) ....
c. nous (voir) ....
d. ils (pouvoir) ....
e. tu (vouloir) ....
f. vous (voir) ....

J'approfondis

4 Transforme le verbe comme demandé.

a. Je verrai un film. → Vous .... un film.

b. Il voudra le raconter. → Ils .... le raconter.

c. Il pourra s'amuser. → Vous .... vous amuser.

d. Nous prendrons un bon gouter. → Je .... un bon gouter.

5 Réécris ces phrases au futur.

a. Ils veulent jouer. ....

b. Je prends l'avion. ....

c. Vous pouvez regarder un film. ....

....

d. Tu vois les nuages. ....

6 Réécris ce texte au singulier.

Nous pourrons jouer dehors mais nous voudrons regarder mon film préféré. Mes sœurs prendront un ballon. Elles ne verront rien !

....
....
....
....

INFOS PARENTS ~ Pour conjuguer les verbes du 3e groupe, l'enfant s'appuie sur l'oral mais l'orthographe, et en particulier les consonnes doubles, sont difficiles à maitriser, même si les terminaisons sont toujours les mêmes.

As-tu réussi ?

Je retiens

• L'imparfait est un temps du passé. Il permet de raconter des faits qui ont duré ou qui se sont répétés. Les terminaisons sont toujours les mêmes.

Facile, l'imparfait...

Tu as bien raison, l'imparfait, c'est parfait !

Verbe en -er du 1er groupe			
je	chant**ais**	nous	chant**ions**
tu	chant**ais**	vous	chant**iez**
il	chant**ait**	ils	chant**aient**

Attention ! Il faut ajouter un **e** avant la terminaison des verbes comme **manger** : je mangeais. **De même, il faut un ç avant la terminaison des verbes comme lancer** : je lançais.

Je m'entraine

1 Entoure les verbes conjugués à l'imparfait.

Je gardais deux chats. Ils se ressemblaient énormément. Ma sœur les câlinait tout le temps. Un jour, un des chats se sauva. Pendant longtemps, j'ai cru que les deux habitaient toujours là, et que je ne jouais jamais avec le même !

2 Souligne le verbe et écris son infinitif.

a. Je mangeais du caïman. ....

b. Nous adorions ce spectacle. ....

c. Vous bougiez la table. ....

d. Il dessinait une poule. ....

3 Complète les verbes à l'imparfait.

a. Nous décor................ la pièce.

b. Elles jou................ au foot.

c. Je termin................ la partie.

d. Vous gagn................ le match.

e. Tu lan................ le ballon.

J'approfondis

4 Conjugue à l'imparfait.

a. *attraper une balle et la relancer*

Nous ....

On ....

b. *manger du chocolat et tacher un pull*

Je ....

Elles ....

5 Écris les phrases à l'imparfait.

a. Ils lancent la balle.

....

b. Nous mangeons un bonbon.

....

6 Réécris ce texte au pluriel sur une feuille à part.

Ce sanglier semblait vieux. Il arrivait du fond des bois. L'émotion gagnait tous mes membres !
Un autre sanglier s'approchait ! Je décidais de ne plus bouger.

As-tu réussi ?

INFOS PARENTS ~ L'imparfait est un temps facile, les terminaisons sont toujours les mêmes. Les erreurs les plus fréquentes restent le **ç** et le **e** des verbes en **-cer** et **-ger**. Il est important d'apprendre à votre enfant à se relire afin qu'il prenne l'habitude de se corriger.

Je retiens

Génial ! Ce sont les mêmes terminaisons.

Oui, c'est facile, méfie-toi juste de quelques verbes !

Être		Avoir	
j'	étais	j'	avais
tu	étais	tu	avais
il	était	il	avait
nous	étions	nous	avions
vous	étiez	vous	aviez
ils	étaient	ils	avaient

	Faire	Aller	Dire
je / j'	faisais	allais	disais
tu	faisais	allais	disais
il	faisait	allait	disait
nous	faisions	allions	disions
vous	faisiez	alliez	disiez
ils	faisaient	allaient	disaient

Je m'entraine

1 **Écris l'infinitif du verbe.**

a. Je disais → ....

b. Nous allions → ....

c. Vous faisiez → ....

d. Tu avais → ....

2 **Complète avec le pronom qui convient.**

a. .... avaient   b. .... alliez

c. .... disions   d. .... disais

e. .... faisait   f. .... étais

3 **Retrouve l'infinitif des verbes.**

a. Il avait → ....

b. Nous faisions → ....

c. Ils allaient → ....

d. Elles disaient → ....

e. Nous étions → ....

J'approfondis

4 **Conjugue les verbes à l'imparfait.**

J'(*aller*) .... te voir, tu (*être*) ....
avec Paul. Vous (*faire*) .... les fous. Mais
les parents (*être*) .... mécontents.

5 **Transforme la phrase avec le pronom demandé.**

J'avais un chien, j'étais très heureux.

a. Nous ....

b. Il ....

c. Tu ....

6 **Sur une feuille à part, réécris ce texte à l'imparfait.**

Au loto, je gagne souvent. Mes copains sont
contents. Ils me le disent. Je partage mes cadeaux.
Cette année, maman va tout garder. Ce sont des
ustensiles de cuisine !

As-tu réussi ?

28 Conjuguer à l'imparfait les verbes courants du 3ᵉ groupe (2)

Je retiens

Encore des verbes du 3ᵉ groupe, beurk !

	Pouvoir	Vouloir	Venir	Prendre	Voir
je / j'	pouv**ais**	voul**ais**	ven**ais**	pren**ais**	voy**ais**
tu	pouv**ais**	voul**ais**	ven**ais**	pren**ais**	voy**ais**
il	pouv**ait**	voul**ait**	ven**ait**	pren**ait**	voy**ait**
nous	pouv**ions**	voul**ions**	ven**ions**	pren**ions**	voy**ions**
vous	pouv**iez**	voul**iez**	ven**iez**	pren**iez**	voy**iez**
ils	pouv**aient**	voul**aient**	ven**aient**	pren**aient**	voy**aient**

Pas de panique, l'imparfait est le temps plus facile !

Les terminaisons restent les mêmes.
Mais attention, il faut bien écrire *nous -ions* et *vous -iez*.

Je m'entraine

1 Recopie les verbes à l'imparfait et écris leur infinitif.

Les enfants pouvaient gouter tranquille. Les parents venaient de partir. Ils ont pris une gaufre et une pomme chacun. Ils ne voulaient pas boire de lait.

....
....
....

2 Entoure le verbe à l'imparfait.

a. Ils *veulent – voulaient* manger tôt.
b. Nous *pouvions – pourrons* jouer à chat.
c. Tu *voyais – verras* mon frère courir.
d. Je *prendrai – prenais* mes baskets.
e. Vous *voudrez – vouliez* courir après moi.
f. Ils ne *pourront – pouvaient* pas me rattraper.

3 Conjugue le verbe à l'imparfait avec le pronom demandé.

a. ils (prendre) ....
b. on (pouvoir) ....
c. nous (voir) ....
d. tu (venir) ....
e. vous (voir) ....
f. je (vouloir) ....

J'approfondis

4 Transforme le verbe comme demandé.

a. Paul prenait le bus. → Paul et moi .... le bus.
b. Je venais avec toi. → Ils .... avec toi.
c. Tu ne pouvais pas venir. → Vous ne .... pas venir.
d. Il voyait bien. → Nous .... bien.

5 Réécris ces phrases à l'imparfait.

a. Les chiens veulent jouer. ....
b. Nous prenons leur laisse. ....
c. Vous voyez leurs jeux. ....
....
d. Tu peux jouer aussi. ....
e. Ils viennent vers nous. ....

6 Réécris ce texte à l'imparfait.

Je peux dormir jusqu'à midi. Je ne vais pas à l'école. Je suis malade. Mon frère aussi a une angine. Il veut dormir avec moi. Mince, il prend beaucoup de place !

....
....
....
....

As-tu réussi ?

INFOS PARENTS ~ L'imparfait est un temps employé très souvent à l'oral comme à l'écrit. Il est important que l'enfant sache rapidement l'orthographier puisqu'il s'en servira souvent quand il écrira.

Je retiens

Ah ! Le présent du verbe *avoir*...

● Le passé composé est un temps du passé. Il raconte un évènement qui a duré un temps précis.

● C'est un temps composé, c'est-à-dire que le verbe a deux parties : **être** ou **avoir** conjugué au présent, et le **participe passé** du verbe : J'**ai mangé** du requin.

Eh oui, tu vas t'en servir au passé composé !

Chanter			Dire			Être			Avoir		
j'	ai	chanté	j'	ai	dit	j'	ai	été	j'	ai	eu
tu	as	chanté	tu	as	dit	tu	as	été	tu	as	eu
il	a	chanté	il	a	dit	il	a	été	il	a	eu
nous	avons	chanté	nous	avons	dit	nous	avons	été	nous	avons	eu
vous	avez	chanté	vous	avez	dit	vous	avez	été	vous	avez	eu
ils	ont	chanté	ils	ont	dit	ils	ont	été	ils	ont	eu

faire → fait ; prendre → pris ; pouvoir → pu ; voir → vu ; vouloir → voulu.

Je m'entraine

1 **Entoure les verbes au passé composé.**

nous avons vu – ils ont écouté – vous avez pu – tu applaudis – il coloriait – j'ai colorié – nous colorions – tu as applaudi

2 **Aide-toi de la leçon pour continuer les conjugaisons.**

Voir	Prendre	Faire
j'ai vu	j'ai pris	j'ai fait

3 **Complète avec avoir.**

a. Nous .... dansé.

b. Ils .... joué.

c. Vous .... applaudi.

d. J'............. eu.

e. Elle .... parlé.

f. Tu .... pu.

J'approfondis

4 **Souligne les verbes au passé composé. N'oublie pas que le passé composé s'écrit en deux mots.**

Nous avons dansé toute la nuit. J'ai mis de la musique rythmée. Vous avez aimé cette soirée. Tu n'as pas apprécié ? Nous, nous avons adoré.

5 **Conjugue les verbes au passé composé.**

a. (*rougir*) J' ....

b. (*faire*) Il .... froid.

c. (*prendre*) Tu .... un pull.

d. (*voir*) Vous .... la neige.

e. (*enfiler*) Nous .... nos gants.

6 **Recopie chaque phrase au passé composé.**

a. Je prends un atlas.

....

b. Je regarde les pays d'Afrique.

....

c. Je rêve !

....

INFOS PARENTS ~ Le passé composé est travaillé en deux parties : le passé composé avec le verbe *avoir* et le passé composé avec le verbe *être*. La difficulté de l'accord du participe passé avec le verbe *avoir* sera vue plus tard, au cycle 3 et au collège.

As-tu réussi ?

Je retiens

• La passé composé est un temps composé, c'est-à-dire que le verbe a deux parties : **être** ou **avoir** conjugué au présent, et le **participe passé** du verbe. Le participe passé des verbes qui se conjuguent avec le verbé **être** s'accorde toujours avec le sujet.

Mes copains et moi, nous sommes part**is** en vacances.
(nous : masculin, pluriel)

Mes copines et moi, nous sommes part**ies** en vacances.
(nous : féminin pluriel)

Je me suis mis au sport.

C'est bien, moi je me suis mise au repos !

Arriver			Aller			Venir		
je	**suis**	arriv**é(e)**	je	**suis**	all**é(e)**	je	**suis**	ven**u(e)**
tu	**es**	arriv**é(e)**	tu	**es**	all**é(e)**	tu	**es**	ven**u(e)**
il, on	**est**	arriv**é**	il, on	**est**	all**é**	il, on	**est**	ven**u**
elle	**est**	arriv**ée**	elle	**est**	all**ée**	elle	**est**	ven**ue**
nous	**sommes**	arriv**é(e)s**	nous	**sommes**	all**é(e)s**	nous	**sommes**	ven**u(e)s**
vous	**êtes**	arriv**é(e)s**	vous	**êtes**	all**é(e)s**	vous	**êtes**	ven**u(e)s**
ils	**sont**	arriv**és**	ils	**sont**	all**és**	ils	**sont**	ven**us**
elles	**sont**	arriv**ées**	elles	**sont**	all**ées**	elles	**sont**	ven**ues**

Je m'entraine

1 Classe le verbe selon son lien avec le verbe **être** ou **avoir**.

manger – arriver – grandir – descendre – revenir – partir – jeter

a. avoir : ....

b. être : ....

2 Entoure les deux parties du verbe conjugué au passé composé.

Nous ne sommes pas venus vous voir. Vous êtes partis en vacances avant. Nous sommes alors rentrés à la maison. Je suis descendu jouer dehors. Je ne suis pas allé au parc.

3 Écris le pronom sujet qui convient.

a. .... suis allée.

b. .... êtes revenus.

c. .... sont tombées.

d. .... est venue.

e. .... sommes entrés.

J'approfondis

4 Conjugue les phrases suivantes au passé composé (uniquement les deux verbes) avec le groupe sujet proposé.

a. *aller au cinéma, rentrer dans l'après-midi*

Mélanie ....

Mon père et moi ....

b. *tomber en panne, être en retard*

Pauline ....

Nathalie et Pauline ....

5 Complète avec le verbe **être**, accorde le participe passé si besoin.

Vous .... allé........ sur le port.

Vous .... monté .... sur des bateaux.

Ils .... arrivé............ la veille.

Le vent .... levé............ .

Nous .... rentré............ à la maison avant la tempête.

Elle .... venu............ deux heures après.

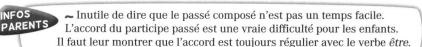

INFOS PARENTS ~ Inutile de dire que le passé composé n'est pas un temps facile. L'accord du participe passé est une vraie difficulté pour les enfants. Il faut leur montrer que l'accord est toujours régulier avec le verbe *être*.

Corrigés

GRAMMAIRE

1 Classer les mots (p. 3)

❶ Entourer : maison ; niche ; chèvre ; berger ; promenade

❷ **Noms :** danse – spectacle – acteur.
Verbes : danser – jouer – s'amuser.

❸ Barrer : **a.** cahier ; **b.** grandir ; **c.** splendide

❹ **Le** chien est trop gros. **Le** chat en a peur. **Les** aboiements sont terrifiants. **La** mâchoire est monstrueuse. Peux-tu faire taire **le** chien ?

❺ **a.** Je ; **b.** Tu ; **c.** Nous ; **d.** Vous

❻ Exemples de réponses : Son animal est un éléphant rose.

2 Identifier les noms (p. 4)

❶ chat – Mistigri – paille – Lyon – Marseille – Pauline – foin – abreuvoir – sel – Paris

❷ Souligner : poney ; crinière ; vent ; sabots ; bruit ; crins ; queue ; natte

❸ Entourer : Etik ; Gabrielle ; Seguin ; Gabrielle ; Inès ; Seguin

❹ Exemples de réponses : **a.** Afrique – Angers – la Loire ; **b.** selle – enclos – poulain

❺ **Noms communs :** chevaux – cheval – jument – poulain – tache – front. **Noms propres :** Seguin – Duéro – Diane – Gabrielle – Titou – Corse.

❻ **a.** V ; **b.** N ; **c.** N ; **d.** V ; **e.** V ; **f.** N

3 Identifier le déterminant (p. 5)

❶ la cheminée – mes vêtements – notre chien – leur maison – cette cuisine – du chocolat – cette armoire – ses chaussures

❷ la cuisine – une table – des chaises – l' évier – la cuisinière – La table – les chaises

❸ Cette semaine – mon amie – ce gâteau – sa maman – du chocolat – du beurre – du sucre – Nos gouters – un verre – de lait

❹
	Singulier	Pluriel
Masculin	notre ; ce ; ton	des ; leurs ; ses ; vos ; ces ; les
Féminin	cette ; la ; notre ; une ; ma	des ; leurs ; ses ; vos ; ces ; les

❺ Entourer : le printemps – la maison – la rue – mes copains – du vélo – des jeux – du football – l'hiver

❻ Le – un – Le – la – un – du – le – une

4 Repérer un adjectif (p. 6)

❶ **Noms communs :** arbre – jardin – banc – statue.
Adjectifs : épais – blanc – fleuri – énorme

❷ Entourer : **a.** grand – magnifique ; **b.** éloignée ; **c.** étroites ; **d.** large ; **e.** étroits ; **f.** bruyants

❸ beau village – petites maisons neuves – nouveaux habitants – grands enfants – copains drôles et gentils

❹ **a.** hautes ; **b.** énormes ; **c.** minuscule ; **d.** jolie ; **e.** public

❺ **a.** petite – bicolores ; **b.** vieille – grand ; **c.** sec – mouillé

5 Accorder le groupe nominal (p. 7)

❶ **a.** des grands terrains ; **b.** des petites balles ; **c.** des maillots bleus

❷
	Singulier	Pluriel
Masculin	a. ; b.	d.
Féminin	c. ; f.	e.

❸ Souligner : un match de basket ; Les filles ; cette partie endiablée ; Nos adversaires ; **a.** cette partie endiablée ; **b.** les filles ; **c.** un match de basket ; **d.** nos adversaires

❹ **a.** le nageur célèbre ; **b.** des joueuses volontaires ; **c.** les tournois gagnés ; **d.** une mauvaise passe

❺ grand jour ; nouveau car ; meilleurs joueurs ; adversaires préférés ; gentils entraineurs ; fine intelligence ; forces vives ; gros muscles ; meilleurs joueurs

6 Repérer le verbe dans une phrase (p. 8)

❶ Souligner : **a.** soufflait ; **b.** soufflera ; **c.** fait ; **d.** a fait ; **e.** joue ; **f.** jouera

❷ J'**aimerai** l'hiver. Pourtant, il **fera** très froid. Mais, j'**aurai** de la chance, mon bonnet **protégera** mes oreilles.

❸ Nous **étions** à la montagne. Nous **avons mangé** du fromage. Je **supportais** le froid. Je n'**oubliais** pas mes gants !

❹ Souligner : **a.** est ; **b.** sent ; **c.** va ; **d.** regarde ; **e.** sait ; **f.** a

❺ Souligner : **a.** s'occupe ; **b.** aiment – jette ; **c.** met – veut ; **d.** glissons – pirouettons – patinons – tombons – rigolons

❻ Exemples de réponses : glissons – tombons – rions

7 Identifier le sujet du verbe (p. 9)

❶ **a.** Nous l'avons déjà vu. **b.** Merlin est un magicien. **c.** Cendrillon se marie avec le prince.

❷ Le dimanche, c'est nous qui avons le droit de regarder les dessins animés. **b.** C'est les enfants et les parents qui ne travaillent pas le dimanche.

❸ **a.** Mon ami et moi ; **b.** Le cinéma ; **c.** Nous

❹ **a.** Dans le jardin crient les enfants. **b.** Dans l'arbre chante l'oiseau. **c.** Dans la nuit galope un cheval blanc.

❺ Les bandes dessinées – sont ; Astérix et Obélix – amusent ; La marchande de poisson – crie – hurle ; plein d'enfants – ont lu

❻ Exemples de réponses : **a.** les enfants ; **b.** les hiboux ; **c.** les hiboux et les chouettes

8 Utiliser les pronoms sujets (p. 10)

❶ Entourer : **a.** je ; **b.** Nous ; **c.** Ils ; **d.** elle ; **e.** je

❷ **a.** elle ; **b.** elles ; **c.** ils ; **d.** nous ; **e.** vous ; **f.** il

❸ **a.** Il ; **b.** Ils ; **c.** Elle ; **d.** Elles ; **e.** Nous

❹ **a.** Ce restaurant → il ; **b.** Les serveuses et les serveurs → ils ; **c.** la nourriture → elle ; **d.** Mon père et moi → nous ; **e.** tes parents et toi → vous ; **f.** Les viandes et les carottes → elles

❺ Exemples de réponses : **a.** Les filles ; **b.** La maitresse et moi ; **c.** Ton cousin et toi

Corrigés

9 Accorder le verbe avec son sujet (p. 11)

1 a. b. c. court – se cache – s'amuse ; d. e. chantent – glissent

2 a. est immense. b. tapent dans un ballon. c. vas en promenade. d. faites du toboggan. e. préférons le bac à sable.

3 a. plaisent ; b. sont venues ; c. doit ; d. glissent ; e. rit

4 a. refuse ; b. préfère ; c. jouent ; d. adorent

5 a. La fille chante et danse. b. Le chien saute et aboie.

6 Deux garçons **se promènent** dans le parc. **Ils marchent** tout doucement. **Ils portent** un petit chien noir. **Ils le posent** délicatement par terre et le **regardent** partir en courant.

10 Connaître les signes de ponctuation (p. 12)

1 Souligner : ! – . – . – . – ?

2 Entourer : , – ; – , – ,

3 – Bonjour, dit une voix dans la cour.
– Qui me parle ?
Je n'avais vu personne. Si j'entends crier « Ouououhhhh », je pars en courant !
– Eh ! Tu m'entends ?
Un écureuil me parlait. Je répondis en chuchotant : « Oui... »

4 La semaine dernière, en venant à l'école, j'ai vu de drôles de choses. Il y avait un chat avec une souris dans la bouche. J'ai vu aussi un oiseau chantant à tue-tête.

5 a. , – . b. , – . c. , – , – !

6 « Bonjour, je voudrais un pain au chocolat, s'il vous plaît »
« Bien sûr. » « Merci ! »

11 Différencier les types de phrases (p. 13)

1 Les animaux mangent des fruits. ; Ne mangent-ils pas de l'herbe ? ; Certains mangent aussi de la viande. ; Et toi, que manges-tu ?

2 Viens vite voir le serpent jaune ! ; Beurk, je déteste les serpents ! ; Génial, des lémuriens ! ; Donne-leur un brin d'herbe.

3 a. Aujourd'hui, les mammouths n'existent plus. b. Avez-vous donné de l'eau aux animaux ?

4 a. . b. ? c. !

5 a. Quel zèbre rapide ! b. Quel chimpanzé agile !

6 Exemples de réponses : a. J'aime les gorilles. b. Comme c'est gros ! c. Regarde comme il est doué.

12 Construire des phrases interrogatives (p. 14)

1 Souligner : a. ; b. ; e.

2 a. Est-ce que je perds ? b. Est-ce que nous gagnons ? c. Est-ce que vous aimez ce jeu ? d. Est-ce que tu préfères les cartes ?

3 a. Sautez-vous à la corde ? b. Prend-il son ballon ? c. Jouent-ils à chat ? d. Allons-nous en récréation ?

4 a. Comment ; b. Où ; c. Qui ; d. Quel ; e. Quand

5 a. Comment t'appelles-tu ? b. À quelle heure es-tu arrivé ? c. Comment es-tu venu ?

6 a. Aimes-tu les figurines ? *ou* Est-ce que tu aimes les figurines ? b. Combien en as-tu ? c. As-tu des figurines de cow-boys ? *ou* Est-ce que tu as des figurines de cow-boys ?

13 Construire des phrases affirmatives et négatives (p. 15)

1 a. A ; b. N ; c. N ; d. N

2 Entourer : a. n' – pas ; b. ne – jamais – ne – rien ; c. n' – rien ; d. ne – plus ; e. ne – jamais

3 Paires de phrases contraires : a. c. ; b. e. ; d. f.

4 a. La sauce tomate fait des taches. b. J'aime la mauvaise sauce tomate. c. Elle a toujours préparé à manger.

5 Il n'y a pas d'haricots verts dans mon assiette. Yanis n'a jamais mangé d'haricots rouges.

6 a. Ne mangez pas les bonbons. b. Ne mettez pas vos coudes sur la table. c. Ne parlez pas la bouche pleine.

CONJUGAISON

14 Identifier le verbe et trouver son infinitif (p. 16)

1 Souligner : a. est ; b. décorent ; c. illumine ; d. revis

2 Barrer : mettais – peindra – couvre

3 a. cachent – Il faut cacher. b. tourne et roule – Il faut tourner et rouler. c. glisse – Il faut glisser. d. dors – Il faut dormir. e. agrandit – Il faut agrandir.

4 a. dessiner ; b. attendre ; c. utiliser ; d. tenir

5 a. Prendre un tournevis. b. Visser les grandes vis. c. Assembler les deux planches.

6 a. entrent – entrer ; b. admirent – admirer

15 Classer les verbes (p. 17)

1 **Verbes en -er :** utiliser – consommer – nettoyer – améliorer ; **Verbes en -ir :** maigrir – grossir – rougir ; **Verbes courants du 3ᵉ groupe :** pleuvoir – devoir – transmettre – faire

2 Entourer : je protège – nous crions – ils polluent – nous aimons – elles gagnent – tu exploses

3 a. rougissons : 2ᵉ gr. ; b. accueillons : 3ᵉ gr. ; c. applaudissons : 2ᵉ gr. ; d. mentons : 3ᵉ gr. ; e. partons : 3ᵉ gr.

4 a. protéger : 1ᵉʳ groupe ; b. devenir : 3ᵉ groupe

5 Exemples de réponses : a. dormir ; b. grandir ; c. partager

6 a. ai vu – voir – 3ᵉ groupe ; b. soufflait – souffler – 1ᵉʳ groupe ; c. volaient – voler – 1ᵉʳ groupe

16 Connaître les personnes et les pronoms (p. 18)

1 Entourer : je – Je – nous – Elle

2 a. nous ; b. il / elle / on ; c. tu ; d. ils / elles ; e. je ; f. vous

3 a. nous ; b. ils ; c. elle ; d. vous ; e. elles ; f. il

4 a. sommes allés dans les bois. b. courent très vite. c. vas cueillir des mures. d. attend le printemps.

5 a. la forêt ; b. le soleil ; c. les animaux

6 Exemples de réponses : a. Ma grand-mère et moi ; b. Les enfants et toi

17 Conjuguer au présent les verbes en -er du 1ᵉʳ groupe (p. 19)

1 ils crient – je dévore – nous adorons – tu souhaites – vous croquez – il contemple – elles promènent – tu montes

2 a. joue – arrive ; b. sautes ; c. joue – arrive ; d. dansons ; e. mimez ; f. s'amusent

❸ je pédale ; tu pédales ; il pédale ; nous pédalons ; vous pédalez ; ils pédalent

❹ Entourer : danse ; aime ; préparons

❺ **a.** je bavarde – ils bavardent ; **b.** je discute – ils discutent ; **c.** je chuchote – ils chuchotent

❻ **a.** passent – passes ; **b.** mime – mimez

⑱ Conjuguer au présent les verbes en -cer et -ger (p. 20)

❶ commencer – nager – arriver – déborder – déplacer – prononcer – saccager – foncer – pédaler – oser – piéger

❷ je lance ; tu lances ; il lance ; nous lançons ; vous lancez ; ils lancent

❸ **a.** mange ; **b.** balançons ; **c.** voyagent ; **d.** lancez ; **e.** déménageons

❹ **a.** nous pinçons ; **b.** nous déménageons ; **c.** nous prononçons ; **d.** nous interrogeons ; **e.** nous saccageons

❺ **a.** remplaçons ; **b.** mangeons ; **c.** mélangeons ; **d.** commençons

❻ Nous **commençons** déjà à râler. Nous **voyageons** depuis trois jours. Nous **effaçons** de ma (notre) mémoire mes (nos) copains ou nous **mélangeons** leurs photos. Nous **déménageons** !

⑲ Conjuguer au présent les verbes être et avoir (p. 21)

❶ **a.** ont un vélo bleu. **b.** a une moto. **c.** ai un monocycle. **d.** avez une voiture. **e.** as un skate-board. **f.** avons un avion.

❷ **a.** 4. **b.** 5. **c.** 1. **d.** 2. **e.** 3. **f.** 6.

❸ nous ; J' ; ils ; il

❹ **a.** a peur du noir ; **b.** avons un éléphant ; **c.** ont mal aux dents ; **d.** as faim

❺ **a.** est fatigué ; **b.** es un clown ; **c.** êtes en France ; **d.** sommes à la maison

❻ **a.** ai ; **b.** sommes ; **c.** avez ; **d.** est ; **e.** a ; **f.** as

⑳ Conjuguer au présent les verbes courants du 3e groupe (1) (p. 22)

❶ **a.** il/elle/on ; **b.** vous ; **c.** vous ; **d.** ils/elles ; **e.** il/elle/on ; **f.** vous

❷ **a.** allons ; **b.** dites ; **c.** vas ; **d.** faites ; **e.** viens

❸ **a.** faire – Il fait beau. – Nous faisons un gâteau. ; **b.** venir – Nous venons en train. – Je viens tout de suite. ; **c.** aller – Vous allez à Madrid. – Ils vont chez toi.

❹ **a.** Je viens au cirque -> Vous venez au cirque. ; **b.** Tu dis bonjour. -> Ils disent bonjour. ; **c.** Il va au judo. -> Vous allez au judo.

❺ **a.** Vous faites du sport. **b.** Tu vas au square. **c.** Ils disent n'importe quoi. **d.** Vous venez demain.

❻ Nous venons de rentrer. Nous faisons notre travail. Après, nous disons à papa que nous allons dans le jardin. Nous préférons jouer dehors !

㉑ Conjuguer au présent les verbes courants du 3e groupe (2) (p. 23)

❶ **a.** je peux ou je prends ; **b.** tu prends ou tu peux ; **c.** il voit ; **d.** nous voyons ; **e.** vous pouvez ; **f.** ils veulent

❷ **a.** ils peuvent ; **b.** nous voyons ; **c.** je prends ; **d.** on veut ; **e.** vous voyez ; **f.** tu veux

❸ **a.** Il veut – ~~veulent~~ manger. ; **b.** Nous ~~voyez~~ – voyons un éléphant. ; **c.** Tu ~~prend~~ – prends le train. ; **d.** Je peux – ~~peut~~ venir maintenant. ; **e.** Ils voient – ~~vois~~ l'arbre jaune. ; **f.** Vous pouvez – ~~peuvent~~ dormir.

❹ **a.** Vous voyez la lune. ; **b.** Ils veulent dormir. ; **c.** Vous pouvez aller jouer. ; **d.** Je prends du chocolat.

❺ **a.** Je prends l'avion. ; **b.** Tu vois les nuages. ; **c.** Ils veulent jouer. ; **d.** Vous pouvez regarder un film.

❻ Je peux regarder la télévision mais je veux dormir ! Mon frère prend l'oreiller. Il ne voit plus rien !

㉒ Conjuguer au futur les verbes en -er du 1er groupe (p. 24)

❶ Entourer : marchera ; posséderont ; voleront

❷ **a.** manger ; **b.** danser ; **c.** jouer ; **d.** pleurer ; **e.** crier

❸ **a.** Ils / Elles ; **b.** Il / Elle / On ; **c.** Tu ; **d.** Vous ; **e.** Nous

❹ **a.** terminerai – classerai ; **b.** déborderons – sauterons ; **c.** aimeront – détesteront

❺ L'année prochaine, je **préparerai** mes affaires tout seul. Je **plierai** même mon linge. Maman **semblera** surprise. Mes frères s'en **moqueront**, ils n'**écouteront** pas, ils **abimeront** tout.

❻ Exemples de réponses : je préparerai mon repas – mangerai ce que je veux – dévorerai plein de fromage

㉓ Conjuguer au futur les verbes être et avoir (p. 25)

❶ **a.** tu ; **b.** ils / elles ; **c.** vous ; **d.** nous ; **e.** ils / elles ; **f.** vous ; **g.** je ; **h.** nous ; **i.** tu ; **j.** il / elle / on

❷ **a.** auront ; **b.** auras ; **c.** aura ; **d.** aurai ; **e.** aurons

❸ **a.** seras ; **b.** seront ; **c.** serez ; **d.** serons ; **e.** sera

❹ **a.** aurons ; **b.** serez ; **c.** seras ; **d.** aura ; **e.** serai

❺ **a.** Nous aurons grandi – nous serons heureux ; **b.** Tu auras grandi – tu seras heureux ; **c.** Il aura grandi – il sera heureux

❻ Je **serai** un enfant, j'**aurai** des copains. Ils **seront** gentils, ils **aimeront** la musique. Vous **écouterez** une chanson, vous **aurez** envie de danser. Ce moment **sera** très agréable.

㉔ Conjuguer au futur les verbes courants du 3e groupe (1) (p. 26)

❶ **a.** faire ; **b.** venir ; **c.** dire ; **d.** aller ; **e.** faire ; **f.** aller

❷ **a.** viendras – viendrons ; **b.** feras – ferons ; **c.** iras – irons ; **d.** tu diras, nous dirons

❸ **a.** vous irez ; **b.** tu viendras ; **c.** on fera ; **d.** nous irons ; **e.** ils diront ; **f.** je viendrai

❹ Nous viendrons demain. Il fera beau. Vous irez jouer dehors. Nous irons courir, tu diras que c'est amusant.

❺ Nous irons au cirque. Nous ferons les pitres avec les clowns. Ils seront drôles et bougeront partout. Je serai content. Vous serez avec moi et nous dirons merci à nos parents.

❻ Nous mangerons beaucoup. Les abricots seront juteux. Vous direz que vous n'aimerez pas ça mais vous gouterez quand même. Ils feront votre joie. Ils seront si fameux. Vous irez en chercher un autre !

㉕ Conjuguer au futur les verbes courants du 3e groupe (2) (p. 27)

❶ **a.** je prendrai ; **b.** tu pourras ; **c.** il verra ; **d.** nous verrons ; **e.** vous pourrez ; **f.** ils voudront

Corrigés

2 Il *voudra* – ~~voudront~~ jouer. ; Nous ~~verrez~~ – *verrons* mon chien. ; Tu ~~prendrai~~ – *prendras* un bonbon. ; Je *pourrai* – ~~pourra~~ courir. ; Ils ~~verrons~~ – *verront* un film. ; Vous ~~pourrons~~ – *pourrez* rire.

3 a. je prendrai ; b. on voudra ; c. nous verrons ; d. ils pourront ; e. tu voudras ; f. vous verrez

4 a. Vous verrez un film. ; b. Ils voudront le raconter. ; c. Vous pourrez vous amuser. ; d. Je prendrai un bon gouter.

5 a. Ils voudront jouer. ; b. Je prendrai l'avion. ; c. Vous pourrez regarder un film. ; d. Tu verras les nuages.

6 Je pourrai jouer dehors mais je voudrai regarder mon film préféré. Ma sœur prendra un ballon. Elle ne verra rien !

26 Conjuguer à l'imparfait les verbes en -er du 1er groupe (p. 28)

1 Entourer : gardais – ressemblaient – câlinait – habitaient – jouais

2 a. mangeais – manger ; b. adorions – adorer ; c. bougiez – bouger ; d. dessinait – dessiner

3 a. décorions ; b. jouaient ; c. terminais ; d. gagniez ; e. lançais

4 a. Nous attrapions une balle et la relancions. On attrapait une balle et la relançait. b. Je mangeais du chocolat et tachais un pull. Elles mangeaient du chocolat et tachaient un pull.

5 a. Ils lançaient la balle. b. Nous mangions un bonbon.

6 Ces sangliers étaient vieux. Ils arrivaient du fond des bois. Les émotions gagnaient tous mes (nos) membres. Deux autres sangliers s'approchaient ! Nous décidions de ne plus bouger.

27 Conjuguer à l'imparfait les verbes courants du 3e groupe (1) et être et avoir (p. 29)

1 a. dire ; b. aller ; c. faire ; d. avoir

2 a. ils ou elles ; b. vous ; c. nous ; d. je ou tu ; e. il, elle ou on ; f. j' ou tu

3 a. avoir ; b. faire ; c. aller ; d. dire ; e. être

4 J'allais te voir, tu étais avec Paul. Vous faisiez les fous. Mais les parents étaient mécontents.

5 a. Nous avions un chien, nous étions très heureux. b. Il avait un chien, il était très heureux. c. Tu avais un chien, tu étais très heureux.

6 Au loto, je **gagnais** souvent. Mes copains **étaient** contents. Ils me le **disaient**. Je **partageais** mes cadeaux. Cette année, maman **allait** tout garder. C'**étaient** des ustensiles de cuisine !

28 Conjuguer à l'imparfait les verbes courants du 3e groupe (2) (p. 30)

1 pouvaient – pouvoir ; venaient – venir ; voulaient – vouloir

2 a. Ils *veulent* – *voulaient* manger tôt. ; b. Nous *pouvions* – *pourrons* jouer à chat. ; c. Tu *voyais* – *verras* mon frère courir. ; d. Je *prendrai* – *prenais* mes baskets. ; e. Vous *voudrez* – *vouliez* courir après moi. ; f. Ils ne *pourront* – *pouvaient* pas me rattraper.

3 a. prenaient ; b. pouvait ; c. voyions ; d. venais ; e. voyiez ; f. voulais

4 a. Paul et moi prenions le bus. ; b. Ils venaient avec toi. ; c. Vous ne pouviez pas venir. ; d. Nous voyions bien.

5 a. Les chiens voulaient jouer. ; b. Nous prenions leur laisse. ; c. Vous voyiez leurs jeux. ; d. Tu pouvais jouer aussi. ; e. Ils venaient vers nous.

6 Je pouvais dormir jusqu'à midi. Je n'allais pas à l'école. J'étais malade. Mon frère aussi avait une angine. Il voulait dormir avec moi. Mince, il prenait beaucoup de place !

29 Conjuguer au passé composé avec le verbe *avoir* (p. 31)

1 Entourer : avons vu – ont écouté – avez pu – ai colorié – as applaudi

2 **Voir :** tu as vu – il a vu – nous avons vu – vous avez vu – ils ont vu. **Prendre :** tu as pris – il a pris – nous avons pris – vous avez pris – ils ont pris. **Faire :** tu as fait – il a fait – nous avons fait – vous avez fait – ils ont fait.

3 a. avons ; b. ont ; c. avez ; d. ai ; e. a ; f. as

4 Souligner : avons dansé – ai mis – avez aimé – as apprécié – avons adoré

5 a. ai rougi ; b. a fait ; c. as pris ; d. avez vu ; e. avons enfilé

6 a. J'ai pris un atlas. b. J'ai regardé les pays d'Afrique. c. J'ai rêvé !

30 Conjuguer au passé composé avec le verbe *être* (p. 32)

1 a. manger – grandir – descendre – jeter ; b. arriver – descendre – revenir – partir

2 Entourer : sommes venus – êtes partis – sommes rentrés – suis descendu – suis allé

3 a. Je ; b. Vous ; c. Elles ; d. Elle ; e. Nous

4 a. est allée, est rentrée – sommes allés, sommes rentrés ; b. est tombée, a été – sont tombées, ont été

5 êtes allé(e)s – êtes monté(e)s – sont arrivés – s'est levé – sommes rentré(e)s – est venue

ORTHOGRAPHE

31 Lire et utiliser la lettre s (p. 33)

1 a. rusé – rasoir – cerise – saison ; b. passer – soir – traverser – saucisse – saison ; c. journées **2** maison – hasard – assassin – magasin – vitesse – bosse – tasse – oiseau **3** disque – asperge – caisse – frisson – saucisse – escargot – absent – casserole – salsifis **4** vase – chaise basse – cassé – pose – embrasser – baiser – brosse – salade – assiette – fraise – pansement – valise **5** a. désert ; b. poissons ; c. trousse ; d. casserole ; e. laisse **6** Exemples de réponses : a. télévision, chemise, base ; b. dentiste, asseoir, passer ; c. souris, puis, toujours

32 Lire et utiliser la lettre c (p. 34)

1 cacahouète – asticot – tronçonneuse – encercler – ascenseur – cette – Cécile – Corinne – culture – glaçon – glace

2 hameçon – cédille – cirque – merci – glace – garçonnet – perçais – perceuse **3** a. un garçon ; b. une quille ; c. des pièces ; d. un clou ; e. un escargot ; f. un cochon

4 comique – querelle – sucre – classeur – inquiet – carrefour – crêpe – complète

5 a. caramel ; b. cascadeur ; c. garçon manqué ; d. abricot délicieux ; e. quelques citrons

6 lançais – lance – courait – avançait – lance – couinait – comprendre – collier – commençait

Je comprends tout !

Livret de dictées
CE2

18 dictées pour s'entrainer à la maison

Nathan

DICTÉE N° 1

La ponctuation
Les homophones *est/est, son/sont*

Le journaliste apprend avec surprise que l'immeuble de son journal est en feu, les secours sont déjà sur place, les victimes se comptent par dizaines et le préfet de la région est sur le lieu du sinistre pour coordonner les opérations de sortie. Il se penche par la fenêtre pour vérifier ses informations et voit que son immeuble est bien en feu !

D'après Claude Bourgeyx, *Le Fil à retordre* © Éd. Nathan Poche

DICTÉE N° 2

Le présent des verbes en -*er* (1er groupe)
La lettre S (s/ss)

Couchés sous une épaisse fourrure, nous écoutons le vent qui crie au dehors. La cabane est solide, les fenêtres tremblent fort. Le vent pousse des nuages de neige devant lui, la glace crépite sur le toit. Soudain, un bruit. C'est un ours qui danse autour de la maison. [...] Le lendemain tu découvres sa trace dans la descente et nous traquons l'animal !

D'après Alain Surget, *Vivre dans le Grand Nord*, Superscope © Éd. Nathan

DICTÉE N° 3

Écrire le son « e » (e, eu, œu)

Les clowns sautent sur la piste : ils ont les cheveux bleus et jonglent avec des œufs. Anatole réussit à les voir en se levant de sa chaise. Il frappe très fort dans ses mains. Un clown franchit la piste et monte dans les gradins vers lui. De sa poche, surgissent des bonbons. Anatole rougit mais il est heureux car tous les yeux sont sur lui.

DICTÉE N° 4

Être et *avoir* au présent
Les noms en *-ail/-aille* et *-eil/-eille*

Tout est calme, plus de bataille, seul le marin est debout sur le bateau près du gouvernail. Les petites sirènes sont dans l'eau. Elles ont chacune une corbeille de fruits dans les mains et une fleur derrière l'oreille. Le marin les admire, il dit : « Vous êtes les plus belles filles de la mer, quelle merveille ! »

DICTÉE N° 5

Le présent des verbes courants (3e groupe)

Ma chère Lisa, je viens juste de m'installer en Bretagne pour deux mois. Ici, je veux me reposer et voir de nouveaux paysages. Tu peux dire à papa et maman que vous pouvez venir quand vous voulez. De ma fenêtre je vois la mer, je fais des bonnes siestes, je vais à la plage et je prends mon déjeuner dehors. C'est vraiment agréable ! Nous nous disons donc « à bientôt ».

DICTÉE N° 6

L'accord dans le groupe nominal
Les lettres muettes finales

J'ai un robot. C'est moi qui l'ai inventé. J'ai mis longtemps mais j'y suis arrivé. Je ne le montre à personne. Même pas à maman. Il est caché dans la chambre du fond, celle où l'on ne va jamais, celle dont les volets sont toujours fermés. Il est grand mon robot. Il est fort aussi mais pas trop. Et il sait parler. J'aime bien sa voix.

Bernard Friot, « Robot », *Nouvelles Histoires pressées* © 2007 Éd. Milan Poche Junior

Le futur des verbes en *-er* et *-ir* (1er et 2e groupes)
Les noms en *-ouil/-ouille* et *-euil/-euille*

Vous bâtirez une cabane devant l'œil étonné d'un écureuil. Pendant ce temps, nous remplirons nos paniers de citrouilles. Car aujourd'hui nous fêterons pour la première fois Halloween. Les enfants sonneront sans orgueil chez les voisins pour demander des bonbons. Ensuite, ils les cacheront sous le fauteuil installé dans leur belle cabane.

Être et *avoir* au futur
La lettre G (g/gu/ge)

Bientôt, j'aurai douze ans, je serai assez grande pour aller au collège seule. Maman ne sera pas toujours tranquille, elle aura peur qu'on me vole ma bague et ma guitare. Mes amis me trouveront courageuse de faire des concerts en public et ils auront envie de venir m'applaudir. Je sais que ces jours-là je serai vraiment une grande !

Le futur des verbes courants (3e groupe)
Le pluriel des noms en *-al*

Un jour, Paul ira à la montagne. Il pourra observer de nombreux animaux. Il partira tôt le matin. Il ira au plus vite franchir les nombreux canaux pour surprendre les chamois au réveil. Je ferai tout pour l'accompagner. Ensemble, nous ferons des découvertes incroyables et prendrons des photos des plus beaux chevaux.

L'accord en genre des noms et des adjectifs

Sulki est une jeune Indienne venue d'une belle région d'Amérique du Nord. Elle a les yeux noirs comme une nuit profonde, et la peau dorée et cuivrée comme la pleine lune. Sa meilleure amie est la jolie Akami. Ensemble, elles parcourent sans cesse les grandes vallées américaines avec leurs chevaux.

Être et *avoir* à l'imparfait
La lettre C (c/ç)

Firmin était avec son père. Ils étaient comme toujours devant la façade de la ferme. Soudain, le petit cygne commença à remonter la longue colonne formée par les coqs d'un pas très rapide. L'un d'entre eux attira son attention. Il était différent de ses camarades car il avait une couleur beaucoup plus claire. Les autres étaient, en plus, moins rapides que lui car ils avaient froid.

L'imparfait
L'accord en nombre des adjectifs

C'était un énorme loup, aux grandes dents pointues, aux longues oreilles qui vivait dans une belle forêt de l'autre côté de la montagne. Quand il sortait de sa tanière, les lapins sautaient dans leurs trous, les cerfs partaient entre les fourrés verts, les jolis oiseaux s'envolaient en haut des arbres et le petit hibou criait de peur.

DICTÉE N° 13

L'accord sujet-verbe

À la fin de la séance, les carnivores décident tous de devenir herbivores. [...]
La paix règne désormais dans la savane. Lorsque les herbivores aperçoivent un
fauve, ils ne sont plus obligés de s'enfuir. Ils continuent de brouter paisiblement.
[...] Au bout de quelques mois, le rêve tourne au cauchemar. La savane est devenue
surpeuplée.

D'après Emmanuel Trédez, *Que mangent-ils ?*, Superscope © Éd. Nathan

DICTÉE N° 14

m devant *m*, *b* et *p*
Les homophones *on/ont*, *a/à*

Cet été, mes cousins ont passé leurs vacances à la montagne avec des amis.
Chacun a apporté son vélo : ils ont fait une course dans la forêt. Le premier arrivé
a remporté un tambour sur des roulettes et le dernier une ombrelle pour mettre
sur son vélo. Quand ils nous ont raconté leur journée, on a bien ri et on a vidé
la bonbonnière !

DICTÉE N° 15

Le passé composé avec *avoir* des verbes en *-er* et *-ir*
(1ᵉʳ et 2ᵉ groupes)
Les accents sur la lettre *e*

J'ai marché à toute vitesse vers ma chambre et j'ai plongé dans mon lit. Deux
secondes après le voleur a bondi pour sortir par la fenêtre. J'ai fait semblant d'être
mort de peur. Il a sauté par-dessus la fenêtre, il a posé un pied sur l'échelle et
patatras ! [....] J'ai vite refermé les volets et j'ai choisi de me recoucher pour de bon.

D'après Bernard Friot, « Le voleur », *Nouvelles Histoires pressées*,
© 2007 Éd. Milan Poche Junior

Le passé composé avec *être* des verbes en *-er* (1ᵉʳ groupe)
Savoir écrire des mots courants

Je suis arrivé jusqu'à ta porte pour te souhaiter beaucoup de bonheur, mais le chat m'a vu et m'a pris pour une souris, et il s'est lancé à ma poursuite en long et en large jusqu'à ce que je sois complètement épuisé. Néanmoins, j'ai quand même réussi à rentrer à la maison, et là, c'est une souris qui m'a vu et elle m'a pris pour un chat et elle m'a accueilli à coups de pelle et de tisonnier. Ton affectionné

Lewis Caroll, *Lettre d'anniversaire*, traduit par J.M.G. Le Clézio © Éd. Gallimard

Être et *avoir* au passé composé
Le pluriel des noms en *-s, -x, -z* et *-ou*

Les hiboux ont été très surpris de m'entendre. Ils ont eu un petit cri comme celui que font les souris. Pourtant j'ai été discret, je suis resté caché derrière le puits, là où il y a des tas de noix. Mon père ne me voyait plus revenir. Il a eu peur que je sois tombé, que mes genoux soient écorchés et mon nez cassé.

Les homonymes

Il était une fois deux sœurs qui se ressemblaient beaucoup. Elles avaient une voix extraordinaire que leur mère adorait par-dessus tout. Chaque mois, elles partaient sept fois pour faire de grands récitals dans le monde entier. Elles étaient toujours très applaudies.

33 Lire et utiliser la lettre *g* (p. 35)

1 bagarre – guirlande – glouton – ogresse – blague – dégustation

2 bougeoir – gendarme – pigeon – nageoire – géant – gentillesse

3 a. un gorille – le gouter – un garçon – une figue – une figure ; b. gentil – le courage – un girafon – la géométrie – la gymnastique

4 gomme – marguerite – aiguille – blagueur – figure – guerre

5 plage – dirigeable – mangeons – gifle – gymnaste – pigeonnier

6 a. baignoire ; b. rouge-gorge ; c. guirlande ; d. blague ; e. garage ; f. gorille

34 Différencier les accents sur la lettre *e* (p. 36)

1 un élève – une fermière – la récréation – une vipère – la fête – une fenêtre 2 Colorier : une école – j'ai pleuré – l'été – prévenir – le vétérinaire – du café 3 Entourer : les lèvres – la terre – une pièce – mon frère 4 Exemples de réponses : é : un éléphant – une écrevisse – un étau ; è : un père – une mère – un frère ; ê : être – fête – tête 5 trésor – écrevisse – mère – élève – mégère – chèvre 6 chêne – ménagerie – écurie – fenêtre – bête – océan – fête – géant 7 boulangère – rangé – derrière – étalage – gardé – énormes – épicière – échange – café – légumes – pêches – frère – commandés – préparer – fête

35 Choisir entre *on* et *ont* (p. 37)

1 a. Il est allé jardiner. b. Il a planté des pommes de terre. c. Mais il s'est beaucoup sali.

2 a. Ils avaient planté des carottes. b. Elles n'avaient pas poussé. c. Ils avaient planté des radis qui avaient poussé.

3 a. il ; b. avaient ; c. il ; d. avaient ; e. il ; f. avaient

4 a. on ; b. ont ; c. On ; d. ont

5 a. On – ont ; b. On – ont ; c. on ; d. ont

6 Exemples de réponses : On est allé se promener. On a vu des chats. Ils ont couru après des souris. Ils ne les ont pas rattrapées.

36 Choisir entre *son* et *sont* (p. 38)

1 a. Mon père ; b. Mon collier ; c. mon chien

2 a. Les enfants étaient ; b. Ils étaient joueurs comme l'étaient les tigrons ; c. ils étaient

3 a. étaient ; b. mon ; c. mon ; d. étaient ; e. mon f. étaient

4 a. sont ; b. sont ; c. Son ; d. Son ; e. Son ; f. sont

5 son – sont – sont – son – son – sont – Son – son

6 Exemples de réponses : Son plat préféré est le flan. Les œufs sont cuits avec du lait. Son père ajoute même du caramel. Ces desserts sont un enchantement.

37 Choisir entre *et* et *est* (p. 39)

1 a. Il était – La nuit était ; b. Une étoile était ; c. Ce n'était – c'était

2 a. et aussi ; b. et puis – et puis

3 Souligner : a. est ; b. est ; c. est

4 a. L'extraterrestre est là. b. Il est dangereux et méchant. c. Papa / Maman est affolé(e). d. Il est assis, il ne bouge plus.

5 est – est – et – est – et – et – est – et

6 Barrer : a. est ; b. est ; est ; c. et ; est ; est

38 Choisir entre *a* et *à* (p. 40)

1 a. Léon avait ; b. qui l'avait faite ; c. Il en avait

2 a. Céline avait dévoré ; b. elle en avait mangé ; c. elle avait

3 a. vers ; b. sur ; c. dans 4 a. Myriam a un gouter. b. Jérémy a des bonbons. c. Il n'a pas envie de partager.

5 a. La pomme a des pépins. b. La fraise a une queue verte. c. L'abricot a un noyau. d. Et est-ce que la banane a un noyau ? 6 a – à – a – à – a – à

39 Choisir entre *ou* et *où* (p. 41)

1 a. Fromage **ou bien** dessert ? b. Noir **ou bien** blanc ? c. Confiture **ou bien** chocolat ?

2 a. Dans la cuisine **ou bien** dans la salle de bains ? c. Veux-tu que je vienne **ou bien** tu me rejoins ? d. **Ou bien** je me lave, **ou bien** je m'endors !

3 a. Où ; b. ou ; c. où ; d. où

4 Exemples de réponses : a. Je suis à la plage. b. Il est sous ma serviette. c. Elles sont dans l'eau, je les lave.

5 a. où ; b. ou – où ; c. où ; d. où – ou

6 Barrer : a. où ; où ; ou ; b. ou ; où

40 Écrire *m* devant *m*, *b*, *p* (p. 42)

1 Entourer : dent – enfant – emplacement – tomber – lapin – impossible

2 impatient – pompiers – tambour – température – timbre – emmener

3 a. éléphant ; b. pompe ; c. ambulance ; d. champignon

4 ensuite ; montre ; immense ; vendredi ; ombrelle ; dentiste ; simple ; compote

5 a. impair ; b. immobile ; c. imbattable ; d. imbuvable ; e. inconnu ; f. injuste ; g. impossible ; h. inattendu

6 a. plombier ; b. concombre ; c. printemps

41 Écrire le pluriel des noms et des adjectifs (1) (p. 43)

1 Entourer : des oies criardes – mes jolies petites poulettes – les jeunes chatons

2 a. mes canards ; b. des poules ; c. leurs fermes ; d. ces fermiers ; e. les granges

3 S'écrit avec un « s » au pluriel : chat – minuscule – œuf – écurie – barrière – charrue. Ne change pas au pluriel : riz – brebis – perdrix – gras – gros – souris.

4 a. ce mouton blanc ; b. un cochon rose ; c. ma chèvre brune

5 a. des chiens méchants – des jeunes fermières ; b. des bœufs énormes – des lapins gris ; c. des grands hangars – des belles juments

6 énormes oies grises – belles bêtes

42 Écrire le pluriel des noms et des adjectifs (2) (p. 44)

1 a. des châteaux ; b. les bijoux ; c. ces feux ; d. mes jeux ; e. tes chameaux

2 a. P ; b. P ; c. S ; d. S ; e. P ; f. P

3 Avec un « s » au pluriel : sou – pneu – carnaval. Avec un « x » au pluriel : caillou – bureau – neveu. Ne change pas au pluriel : doux – joyeux – mauvais.

4 a. mon cheval – un bocal ; b. ce chapeau – le morceau ; c. un métal – un corbeau

⑤ **a.** des cailloux, des sous, des genoux, des poux ; **b.** des éventails, des neveux, des gâteaux, des portails ; **c.** des pneus, des seaux, des ballons, des travaux

⑥ **a.** des gros rideaux – des bureaux bleus ; **b.** des tableaux noirs – des vieux bateaux

㊸ Écrire le féminin des noms et des adjectifs (1) (p. 45)

① **a.** une amie gentille ; **b.** une lionne féroce ; **c.** une chatte câline ; **d.** une élève brillante ; **e.** une enfant élégante

② une fiancée souriante ; une gagnante enragée ; une jeune candidate ; une géante diabolique ; une musicienne exceptionnelle

③ Barrer : **a.** chien ; **b.** évadée ; **c.** ami ; **d.** succulente ; **e.** fatigué ; **f.** comédienne

④ **a.** une amie attentionnée ; **b.** ma charmante invitée ; **c.** une mauvaise perdante ; **d.** une marquise connue

⑤ Une apprentie douée est dans la cuisine. L'invitée gourmande arrive dans la salle. C'est une marchande de légumes. Elle voudrait rencontrer l'apprentie. À côté, la cliente est mécontente. L'apprentie a quitté sa cuisine !

㊹ Écrire le féminin des noms et des adjectifs (2) (p. 46)

① **a.** un instituteur – un cuisinier ; **b.** un chanteur – un prince ; **c.** un moniteur – un dompteur

② une boulangère ; une reine ; une sœur ; une dessinatrice ; une voleuse

③ **a.** une ; **b.** un / une ; **c.** un ; **d.** un / une ; **e.** une

④ **a.** F ; **b.** G ; **c.** F ; **d.** G

⑤ **a.** ta fidèle admiratrice ; **b.** la malheureuse princesse ; **c.** une fameuse présentatrice ; **d.** une ouvrière géniale

⑥ agricultrice – enchantée – débutante – motivée – passionnée – heureuse

㊺ Identifier la lettre finale d'un mot (p. 47)

① dent – éclat – regard – refus – éteint – fameux

② **a.** pays – paysage ; **b.** saut – sauter ; **c.** cent – centaine ; **d.** bois – boiserie ; **e.** récit – réciter

③ **a.** plat – plate ; **b.** profond – profonde ; **c.** chaud – chaude ; **d.** froid – froide ; **e.** couvert – couverte ; **f.** succulent – succulente ; **g.** gris – grise ; **h.** blanc – blanche

④ **a.** un habitant charmant ; **b.** un gros gourmand

⑤ Exemples de réponses : **a.** le toit – la toiture ; **b.** le tricot – tricoter ; **c.** le galop – galoper ; **d.** le tapis – tapisser ; **e.** le confort – confortable ; **f.** le vagabond – vagabonder

⑥ grand blond – plat chaud – éléphant fort – lent rebond – long retard – fruit cuit – repos parfait – bord étroit – début laborieux – candidat admis

㊻ Écrire -er ou -é à la fin d'un verbe (p. 48)

① Oh ! Mon chat a **dévoré** ma viande. Il a **sauté** sur le buffet et a **osé dévorer** mon assiette. Il a tellement **mangé** qu'il est allé se **cacher** au fond du jardin pour **digérer**.

② **a.** J'ai **acheté** plein de billes. ; **b.** **Acheter** des billes est un vrai plaisir. ; **c.** J'aime **acheter** des billes ! ; **d.** Pourquoi **acheter** autant de sucre ? ; **e.** Mon papa n'a jamais **acheté** de billes, il gagnait tout le temps !

③ **a.** Ce sommet *enneigé* – ~~*enneiger*~~ semble très éloigné – ~~*éloigner*~~. ; **b.** Les alpinistes vont ~~*tenté*~~ *tenter* de *l'escalade* – *l'escalader*. ; **c.** Ils devraient y ~~*arrivé*~~ *arriver*, ils ont bien *préparé* ~~*préparer*~~ cette ascension.

④ **a.** Ton repas termin**é**, tu pourras jouer. ; **b.** Nous aimerions visiter ce musée que tu as aim**é**. ; **c.** Les enfants iront nag**er** demain. ; **d.** Papa s'est lev**é** très tôt, il peut train**er** au petit déjeuner ! ; **e.** Pourquoi ne pas saut**er** à la corde au lieu de jou**er** aux billes ?

⑤ **a.** Nous avons **dansé** toute la nuit. J'adore **danser**. L'an prochain, nous irons **danser** au bal. ; **b.** Le chien aime **sauter** par-dessus la barrière. Mais, il a **sauté** trop haut. Il a presque **sauté** jusqu'à la branche. ; **c.** Ma sœur a **joué** au foot. **Jouer** au foot, c'est sa passion. Elle va y **jouer** tous les mercredis.

VOCABULAIRE

㊼ Classer des mots dans l'ordre alphabétique (p. 49)

① **a.** e f g – u v w ; **b.** p q r – r s t ; **c.** m n o – a b c ; **d.** h i j – j k l ; **e.** c d e – s t u ; **f.** f g h – b c d ② **a.** c d e g j k ; **b.** h i m p r w ; **c.** b c n q v x ; **d.** d o q t w z ③ Entourer : **a.** ananas ; **b.** carotte ; **c.** kiwi ; **d.** poire ④ Entourer : **b.** ; **d.**

⑤ **a.** abricot – cassis – mangue – papaye – pêche ; **b.** balance – betterave – bouillant – bouillir ; **c.** casse – casser – casserole – cassoulet ; **d.** infinitif – infirmière – infuser – infusion

⑥ Exemples de réponses : **a.** épiloguer – épinard – épine ; **b.** soupçonneux – soupe – soupente

㊽ Rechercher un mot dans le dictionnaire (p. 50)

① cartable – ardoise – tableau – table – ustensile – taille-crayon – crayon – tube – colle

② **Avant :** cartouche – classeur. **F :** feutre – famille. **Après :** stylo – pochette – trousse.

③ Barrer : **a.** garage ; **b.** porter ; **c.** thé ; **d.** déçu

④ **Avant :** tante – talent. **Sur cette page :** tarte – tartre – taureau. **Après :** tomate – tente.

⑤ La réponse dépend du dictionnaire utilisé. Par exemple : école, page 360, écolier, ère ; copain, page 260, copal ; récréation, page 865, recréer ; bille, page 135, billet ; corde, page 263, cordé ; ballon, page 114, ballonné ; marelle, page 627, marémoteur, trice

㊾ Lire un article de dictionnaire (p. 51)

① **a.** nom masculin ; **b.** verbe ; **c.** adjectif ; **d.** nom féminin ; **e.** pluriel ② **a.** adjectif ; **b.** verbe ; **c.** nom masculin ; **d.** nom féminin ; **e.** verbe ; **f.** adjectif ③ **a.** 3. ; **b.** 2. ; **c.** 1. ; **d.** 5. ; **e.** 6. ; **f.** 4. ④ **a.** masculin ; **b.** féminin ou masculin ; **c.** masculin ; **d.** masculin

⑤ **a.** pousser son cri, en parlant de l'âne ; **b.** fruit comestible du papayer, semblable à un gros melon ; **c.** clair et transparent

⑥ **a.** nom féminin ; **b.** trois ; **c.** Ils donnent des exemples.

㊿ Connaitre les familles de mots (p. 52)

① doux – douceur – adoucir ; dur – durement – durcir ; collection – collectionner – collectionneur ; pluie – pluvieux – parapluie ; vent – venteux – éventail

② a. fleur – fleuriste – fleurir ; b. mensonge – menteur – mentir ; c. droit – droitier – adroitement ; d. malpoli – poliment ; e. visser – tournevis – vis

③ a. scolaire – sol ; b. peinture – tein ; c. terrible – terr

④ panne – dépanneur – dépanneuse – dépannage

⑤ Exemples : a. neigeux – enneigé – déneiger ; b. alimentaire – alimentation – suralimenté ; c. bain – baignoire – baignade

⑥ Exemples de réponses : a. déborder – bordure – border – débordement – aborder – bâbord – tribord ; b. aujourd'hui – journée – journal – ajourner – bonjour

⑤① Repérer les préfixes et les suffixes (p. 53)

① a. coiffure – coiffeur – décoiffé ; b. bord – déborder – border ; c. mur – murer – emmurer ; d. patient – impatient – patience

② a. in + sensible ; b. mal + habile ; c. il + limité ; d. dé + boucher

③ former – déformer ; accrocher – décrocher ; coller – décoller ; armer – désarmer ; brancher – débrancher ; plier – déplier

④ a. patienter ; b. gagner ; c. perdre ; d. jouer

⑤ a. malheureux ; b. défaire ; c. imprudent ; d. irréel

⑥ Exemples de réponses : a. enneiger ; b. illisible ; c. inégalitaire ; d. détachant

⑤② Comprendre un mot dans ses différents sens (p. 54)

① Entourer : glace – lettre **②** a. 2 ; b. 1 ; c. 1 ; d. 1 ; e. 2 **③** a. 2 ; b. 1. ; c. 4 ; d. 3 **④** a. 1 ; b. 1 ; c. 1 **⑤** Exemples de réponses : a. J'aime la langue française. b. Ce bonbon me pique la langue. c. C'est une carte de France. d. J'adore jouer aux cartes. **⑥** Exemples de réponses : a. Je mange ma glace devant la glace. b. Je déteste gouter des bonbons au gouter.

⑤③ Utiliser des mots synonymes (p. 55)

① Barrer : a. grotesque ; b. infâme ; c. tiède

② a. continuer ; b. faire ; c. donner

③ Entourer : a. un navire – une embarcation – un voilier – une barque ; b. un véhicule – une automobile – un monospace ; c. une œuvre d'art – une peinture – une illustration – une image ; d. une villa – une demeure – une chaumière – un chalet

④ a. bavarder – discuter ; b. fabriquer – bâtir ; c. penser – se concentrer ; d. hurler – brailler ; e. laver – lessiver

⑤ a. ravi, enchanté ; b. malheureux, peiné ; c. aisé, simple ; d. compliqué, dur ; e. aimable, agréable

⑥ a. ta veste ; b. chaussons ; c. souliers ; d. le (les) bois

⑤④ Utiliser des mots antonymes (p. 56)

① a. pauvre ; b. triste ; c. allumé ; d. gros ; e. large ; f. autorisé

② a. retirer ; b. continuer ; c. aimer ; d. raccourcir ; e. salir ; f. venir **③** le bonheur – le malheur ; l'inconnu – le connu ; le bien – le mal ; la méchanceté – la gentillesse ; la gaieté – la tristesse ; l'endroit – l'envers **④** a. léger ; b. courte ; c. jeune ; d. lent ; e. facile **⑤** a. salit ; b. désobéit ; c. ramasse **⑥** revenue – vendu – vertes – mures – mauvais – partie riche – triste

⑤⑤ Différencier des mots homonymes (p. 57)

① a. le ; b. La ; c. le ; d. La ; e. le ; f. la **②** a. Elle ; b. la ; c. La ; d. Elle **③** a. porc ; b. port ; c. porc ; d. port

④ a. maire ; b. mère ; c. mer ; d. mer ; e. maire ; f. mère

⑤ a. la colle ; b. le cou ; c. une reine

⑥ a. Le sang est rouge. Dix fois dix égalent cent. b. Au camping, on dort sous la tente. Ma tante s'appelle Suzie.

⑤⑥ Utiliser le bon registre de langue (p. 58)

① a. argent/fric ; b. courir/cavaler ; c. fringues/vêtements ; d. travailler/bosser ; e. chouiner/pleurer

② a. les cheveux/la chevelure ; b. fortuné/riche ; c. s'habiller/se vêtir ; d. se désaltérer/boire ; e. dissimulé/caché

③ **Langage familier :** se barrer, bagnole, baraque ; **langage courant :** partir, voiture, maison ; **langage soutenu :** quitter les lieux, automobile, demeure

④ **Familier :** la trouille, planquer, un gamin, bousiller, boire un coup ; **Courant :** la peur, cacher, un enfant, abimer, boire ; **Soutenu :** la crainte, dissimuler, la progéniture, endommager, se désaltérer

⑤ a. l'argent. ; b. le travail. ; c. une voiture. ; d. se dépêcher. ; e. un livre.

⑥ a. Courant : Je suis fatigué., Soutenu : Je suis épuisé. ; b. Courant : Je me suis fait voler mes billes., Soutenu : Je me suis fait dérober mes billes. ; c. Courant : Vite, je dois m'habiller !, Soutenu : Vite, je dois me vêtir !

BILANS

Grammaire p. 59

① a. . – D ; b. ! – E ; c. ? – I ; d. ! – Inj ; e. ? – I
② a. Je ne suis pas un garçon. b. Je n'ai plus de cheveux. c. Mes bras ne sont pas longs. d. Je ne ressemble à personne. e. Je ne suis jamais gai. **③** a. Vas-tu te promener ? *ou* Est-ce que tu vas te promener ? b. Ne voulez-vous pas aller en forêt ? *ou* Est-ce que vous ne voulez pas aller en forêt ? c. Y a-t-il beaucoup de boue ? *ou* Est-ce qu'il y a beaucoup de boue ? d. Irons-nous sur le chemin ? *ou* Est-ce que nous irons sur le chemin ? e. La végétation est-elle jolie ? *ou* Est-ce que la végétation est jolie ? **④** a. Je déteste – b. je danse – c. tout le monde saute – d. La guitare électrique est – e. ma meilleure copine a acheté **⑤** a. je – Depuis hier, nous soignons des chiens. b. Il – Ils s'amusent beaucoup. c. Ce chien – Ces chiens jouent avec les chattes. d. La chatte – Les chattes sautent dessus. e. Elle – Elles ne griffent pas. **⑥** a. Le vieux singe ; b. des bananiers immenses et magnifiques ; c. Chaque plante majestueuse – des bananes ensoleillées ; d. des fruits sculptés ; e. d'une couleur vive et éblouissante **⑦** a. masc. sing. – des éléphants roses ; b. fém. sing. – un lion féroce ; c. masc. plur. – du grand rhinocéros ; d. masc. sing. – les petits moustiques ; e. masc. plur. – mes meilleures amies

Conjugaison p. 60

① a. faire – 3ᵉ ; b. éplucher – 1ᵉʳ ; c. demander – 1ᵉʳ ; d. voir – 3ᵉ ; e. commencer – 1ᵉʳ **②** a. 1ᵉ pers. du pluriel ; b. 2ᵉ pers. du pluriel ; c. 1ᵉ pers. du singulier ; d. 3ᵉ pers. du pluriel ; e. 2ᵉ pers. du singulier **③** adore – demande – terminent – commençons – chuchotent **④** a. faites, dites ; b. pouvons, veux ; c. as, sont ; d. peux ; e. va, gagnes, prends **⑤** a. aurai – b. fera – c. prendra – d. crieront – e. pleurerai

6 a. mangeais – b. abimaient – c. étaient – d. commençait –
e. avait **7** a. ai pu – b. avons joué – c. sont arrivées – d. ont
répondu – e. a été

Orthographe p. 62

1 a. **c**itadelle – hame**ç**on – balan**ç**oire – balan**c**elle – balan**ç**ons ;
b. **g**irouette – man**ge**oire – **g**yrophare – oran**ge**ade – **g**elée

2 a. **s**alamandre – pa**ss**age – a**s**ticots – a**ss**istance ; b. **é**lève
– **l**è**v**res – **é**paule – **ê**tre **3** hau**t** – ba**s** – débu**t** – arrê**t** – blan**c**

4 a. ont – On – on – ont – on ; b. Son – sont – Son – sont – son

5 a. à – a – et – est – et ; b. où – ou – où – où – ou

6 a. m – b – p – m ; b. po**m**pier – plo**m**bier – boula**n**ger –
cha**n**teur – do**m**pteur – i**n**specteur **7** a. les temps radieux ;
b. les chevaux heureux ; c. les cordes cassées ; d. les choux
mangés ; e. les travaux finis **8** a. la coiffeuse habile ; b. la
bouchère douée ; c. l'institutrice heureuse ; d. la princesse
amoureuse ; e. la petite voisine **9** a. terminé ; b. dessiner ;
c. représenter ; d. ressembler ; e. gommé

Vocabulaire p. 63

1 a. cahier – cartable – classe – craie – crayon ; b. cadeau –
cahier – calot – carré – **cartable** – castor – **classe** – club – **craie**
– crapaud – cratère – **crayon** – cru

2 a. pièce de vaisselle plus grande qu'une assiette ;
b. fondue de fromage ; c. écrire avec un clavier ; d. passion
amoureuse ; e. végétal vert qui pousse ras

3

Famille du mot :	Avec un préfixe :	Avec un suffixe :
fort	renfort	fortement
tour	détour	tourner
chausser	déchausser	chaussette
jour	bonjour	journal
certain	incertain	certainement

4 a. fabrique ; b. vole ; c. prépare ; d. plats ; e. range

5 a. vite ; b. ralentissent ; c. emménage ; d. content ;
e. déballer **6** a. père – paire ; b. mère – maire – mer

7 a. voiture ; b. chien ; c. peur ; d. tête ; e. enfants

Tableaux de conjugaison

	être	avoir	chanter	appeler	ranger	lancer	finir	aller
Présent	je suis	j'ai	je chante	j'appelle	je range	je lance	je finis	je vais
	tu es	tu as	tu chantes	tu appelles	tu ranges	tu lances	tu finis	tu vas
	il, elle est	il, elle a	il, elle chante	il, elle appelle	il, elle range	il, elle lance	il, elle finit	il, elle va
	nous sommes	nous avons	nous chantons	nous appelons	nous rangeons	nous lançons	nous finissons	nous allons
	vous êtes	vous avez	vous chantez	vous appelez	vous rangez	vous lancez	vous finissez	vous allez
	ils, elles sont	ils, elles ont	ils, elles chantent	ils, elles appellent	ils, elles rangent	ils, elles lancent	ils, elles finissent	ils, elles vont
Futur	je serai	j'aurai	je chanterai	j'appellerai	je rangerai	je lancerai	je finirai	j'irai
	tu seras	tu auras	tu chanteras	tu appelleras	tu rangeras	tu lanceras	tu finiras	tu iras
	il, elle sera	il, elle aura	il, elle chantera	il, elle appellera	il, elle rangera	il, elle lancera	il, elle finira	il, elle ira
	nous serons	nous aurons	nous chanterons	nous appellerons	nous rangerons	nous lancerons	nous finirons	nous irons
	vous serez	vous aurez	vous chanterez	vous appellerez	vous rangerez	vous lancerez	vous finirez	vous irez
	ils, elles seront	ils, elles auront	ils, elles chanteront	ils, elles appelleront	ils, elles rangeront	ils, elles lanceront	ils, elles finiront	ils, elles iront
Imparfait	j'étais	j'avais	je chantais	j'appelais	je rangeais	je lançais	je finissais	j'allais
	tu étais	tu avais	tu chantais	tu appelais	tu rangeais	tu lançais	tu finissais	tu allais
	il, elle était	il, elle avait	il, elle chantait	il, elle appelait	il, elle rangeait	il, elle lançait	il, elle finissait	il, elle allait
	nous étions	nous avions	nous chantions	nous appelions	nous rangions	nous lancions	nous finissions	nous allions
	vous étiez	vous aviez	vous chantiez	vous appeliez	vous rangiez	vous lanciez	vous finissiez	vous alliez
	ils, elles étaient	ils, elles avaient	ils, elles chantaient	ils, elles appelaient	ils, elles rangeaient	ils, elles lançaient	ils, elles finissaient	ils, elles allaient

	dire	faire	partir	pouvoir	prendre	venir	voir	vouloir
Présent	je dis	je fais	je pars	je peux	je prends	je viens	je vois	je veux
	tu dis	tu fais	tu pars	tu peux	tu prends	tu viens	tu vois	tu veux
	il, elle dit	il, elle fait	il, elle part	il, elle peut	il, elle prend	il, elle vient	il, elle voit	il, elle veut
	nous disons	nous faisons	nous partons	nous pouvons	nous prenons	nous venons	nous voyons	nous voulons
	vous dites	vous faites	vous partez	vous pouvez	vous prenez	vous venez	vous voyez	vous voulez
	ils, elles disent	ils, elles font	ils, elles partent	ils, elles peuvent	ils, elles prennent	ils, elles viennent	ils, elles voient	ils, elles veulent
Futur	je dirai	je ferai	je partirai	je pourrai	je prendrai	je viendrai	je verrai	je voudrai
	tu diras	tu feras	tu partiras	tu pourras	tu prendras	tu viendras	tu verras	tu voudras
	il, elle dira	il, elle fera	il, elle partira	il, elle pourra	il, elle prendra	il, elle viendra	il, elle verra	il, elle voudra
	nous dirons	nous ferons	nous partirons	nous pourrons	nous prendrons	nous viendrons	nous verrons	nous voudrons
	vous direz	vous ferez	vous partirez	vous pourrez	vous prendrez	vous viendrez	vous verrez	vous voudrez
	ils, elles diront	ils, elles feront	ils, elles partiront	ils, elles pourront	ils, elles prendront	ils, elles viendront	ils, elles verront	ils, elles voudront
Imparfait	je disais	je faisais	je partais	je pouvais	je prenais	je venais	je voyais	je voulais
	tu disais	tu faisais	tu partais	tu pouvais	tu prenais	tu venais	tu voyais	tu voulais
	il, elle disait	il, elle faisait	il, elle partait	il, elle pouvait	il, elle prenait	il, elle venait	il, elle voyait	il, elle voulait
	nous disions	nous faisions	nous partions	nous pouvions	nous prenions	nous venions	nous voyions	nous voulions
	vous disiez	vous faisiez	vous partiez	vous pouviez	vous preniez	vous veniez	vous voyiez	vous vouliez
	ils, elles disaient	ils, elles faisaient	ils, elles partaient	ils, elles pouvaient	ils, elles prenaient	ils, elles venaient	ils, elles voyaient	ils, elles voulaient

Pour le passé composé, voir p. 31-32

Édition : M. Gabiache. Conception maquette intérieure : V. Lefebvre. Conception couverture : V. Lefebvre, O. Caldéron.
Livret dictées : C. Julien. Coordination graphique : K. Fleury. Composition : Facompo.

31 Lire et utiliser la lettre *s*

Je retiens

Donne du poison aux poissons, tu verras !

● La lettre **s** se lit ⓢ ou ⓩ.

Elle se lit ⓢ :
– au début d'un mot : serpent, salade ;
– quand elle est à côté d'une consonne : chanson, asticot ;
– quand elle est double : passage, puissant.

Elle se lit ⓩ entre deux voyelles (a, e, i, o, u, y) :
une rose
une chaise
du poison

Moi, je préfère manger du dessert dans le désert...

● Donc pour écrire ⓢ, il faut :
– écrire un seul **s** quand il y a une consonne à côté ;
– écrire deux **s** entre deux voyelles.
Le **s** peut aussi être muet : un talu**s**.

Je m'entraine

1 Classe les mots suivants.

passer – soir – rusé – journées – rasoir – traverser – saucisse – cerise – saison

a. J'entends ⓩ : ....
....

b. J'entends ⓢ : ....
....

c. Le **s** est muet : ....

2 Ajoute **s** ou **ss** pour entendre ⓢ ou ⓩ.

une mai........on   un ha........ard
un a........a........in   un maga........in
la vite........e   une bo........e
une ta........e   un oi........eau

3 Écris **s** ou **ss** pour faire le son ⓢ.

un di........que   une a........perge
une cai........e   un fri........on
une ....auci........e un e........cargot
un ab........ent   une ca........erole
des ....al........ifis

J'approfondis

4 Choisis **s** ou **ss**.

un va........e   une chai........e ba........e
il est ca........é   elle po........e
embra........er   un bai........er
une bro........e   la ....alade
une a........iette   une frai........e
un pan........ement   une vali........e

5 Complète les phrases devinettes.

a. Le chameau vit dans le ....

b. Les .... ont des nageoires.

c. Mes crayons sont rangés dans ma ....

d. Maman cuit les nouilles dans la ....

e. Je promène mon chien, je le tiens en ....

6 Trouve trois mots pour chaque son de la lettre **s**.

a. J'entends ⓩ : ....

b. J'entends ⓢ : ....

c. Le **s** est muet : ....

INFOS PARENTS ～ La lettre **s** est particulière à lire d'une part, mais surtout les enfants ont tendance à écrire le son ⓩ avec un **z** et le son ⓢ avec un seul **s**. L'enjeu de cette leçon est donc de leur montrer qu'en français, le plus souvent, le son ⓩ s'écrit avec la lettre **s**.

As-tu réussi ?

Je retiens

- J'entends (k) devant **a**, **o**, **u**, **l** et **r**.
  un cal**c**ul, un **c**ol, la **c**lasse, le **c**ri
- J'entends (s) devant **e**, **i** ou **y**.
  une **c**erise, un sour**c**il, un **c**ygne
- Pour écrire (s) devant un **a** ou un **o**, il faut écrire un « c cédille » : **ç**.
  un gar**ç**on, je lan**ç**ais
- Pour écrire (k) devant un **i** ou un **e**, il faut écrire **qu**.
  une **qu**ille, **qu**el

J'écris c ou ç ?

Ça dépend de la lettre qui suit...

Je m'entraine

1 **Entoure la lettre c si tu entends (s) et souligne-la si tu entends (k).**

une cacahouète – un asticot – une chose – une tronçonneuse – encercler – un chien – un ascenseur – cette – Cécile – Corinne – la culture – un glaçon – la glace

2 **Complète avec un c ou un ç.**

un hame........on   une ....édille
un ....irque   mer........i
la gla........e   un gar........onnet
je per........ais   une per........euse

3 **Écris le mot sous le dessin.**

a.   b.   c.

....

d.   e.   f.

....

J'approfondis

4 **Complète avec c ou qu.**

un ....omique   une ....erelle
le su........re   un ....lasseur
in........iet   un ....arrefour
une ....rêpe ....omplète

5 **Choisis entre c, ç ou qu.**

a. du ....aramel
b. un ....as........adeur
c. un gar........on man........é
d. un abri........ot déli........ieux
e. ....el........es ....itrons

6 **Complète le texte avec c, ç.**

Je lan........ais une lan........e et un javelot. Mon chien ....ourait derrière. Il avan........ait pour les attraper. Mais, je lan........e loin, il ....ouinait quand je les attrapais avant. Sur le chemin du retour, il m'a fait ....omprendre qu'il ne voulait plus son ....ollier, il commen........ait à me fatiguer !

INFOS PARENTS ~ Il est important que votre enfant comprenne ormment on lit et écrit avec la lettre **c**. Cela lui servira aussi à conjuguer certains verbes, surtout les verbes comme *lancer* (*je lançais*) à l'imparfait.

33 Lire et utiliser la lettre *g*

Je retiens

J'écris g, gu ou ge ?

Regarde bien la lettre qui suit.

- La lettre **g** se lit ⓖ devant **a**, **o**, **u**, **l** et **r**.
  un **g**ros **g**laçon, la **g**are, dé**g**uster, le **g**out
- La lettre **g** se lit ⓙ devant **e**, **i** et **y**.
  une **g**irafe, l'â**g**e
- Pour écrire ⓙ devant un **a** ou un **o**, tu dois écrire **ge**.
  une man**ge**oire, je na**ge**ais
- Pour écrire ⓖ devant un **e** ou un **i**, tu dois écrire **gu**.
  une ba**gu**e, une **gu**itare
- Les lettres **gn** se lisent comme dans : la campa**gn**e.

Je m'entraine

1 Entoure la ou les lettres qui font ⓖ et souligne la lettre qui suit.

une bagarre   une guirlande

un glouton   une ogresse

une blague   une dégustation

2 Entoure la ou les lettres qui font ⓙ et souligne la lettre qui suit.

un bougeoir   un gendarme

un pigeon   une nageoire

un géant   la gentillesse

3 Classe les mots.

gentil – un gorille – le gouter – un garçon –
une figue – le courage – un girafon – une figure –
la géométrie – la gymnastique

a. J'entends ⓖ : ....

....

....

b. J'entends ⓙ : ....

....

....

J'approfondis

4 Écris **g** ou **gu**.

une ....omme   une mar........erite

une ai........ille   un bla........eur

une fi........ure   la ....erre

5 Écris **g** ou **ge**.

la pla........e   un ballon diri........able

nous man........ons   une ....ifle

un ....ymnaste   un pi........onnier

6 Réponds aux devinettes. Toutes les réponses ont au moins une lettre **g**.

a. Je la remplis d'eau et je m'y lave.

C'est une ....

b. Oiseau des jardins, j'ai la gorge rouge.

Je suis le ....

c. À Noël, on me met dans le sapin.

Je suis une ....

d. Elle fait rire quand elle est bonne.

C'est une ....

e. Maman y gare sa voiture.

C'est un ....

f. Grand singe noir, je ressemble à l'homme.

Je suis un ....

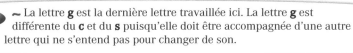

As-tu réussi ?

34 Différencier les accents sur la lettre *e*

Je retiens

Comment sais-tu s'il faut mettre **è** ou **ê** puisqu'ils font le même son ?

- L'accent sur la lettre **e** permet de savoir comment **il faut le prononcer**.
- Il existe trois accents :
  – **l'accent aigu : é**. Il permet de prononcer « é » comme dans :
  un bébé, un éléphant
  – **l'accent grave : è**. Il permet de prononcer « è » comme dans :
  un père, une rivière
  – **l'accent circonflexe : ê**. Il permet de prononcer « è » comme dans :
  une tête, une fête
- La lettre **e** n'a pas toujours besoin d'un accent :
  – avant une double consonne : une maitre**ss**e
  – quand la syllabe se termine par une consonne : un se**r**/pent, un e**s**/cargot.

Ne t'inquiète pas, tu vas vite voir que les mots en **ê**, il n'y en a pas beaucoup !

Je m'entraine

1 Colorie en rouge l'accent aigu, en vert l'accent grave, en bleu l'accent circonflexe.

un élève   une fermière   la récréation

une vipère   la fête   une fenêtre

2 Colorie si tu entends **é** comme dans « éléphant ».

une école	la première
j'ai pleuré	une arête
l'été	le vétérinaire
prévenir	du café

3 Entoure quand tu entends **è** comme dans « père ».

un étranger – les lèvres – pénible – la terre

une pièce – éplucher – le ménage – mon frère

4 Dans ton dictionnaire, trouve trois mots avec :

é : ....

è : ....

ê : ....

J'approfondis

5 Choisis entre **é** et **è**.

un tr........sor   une ....crevisse

ma m........re   une ....l........ve

une m........g........re   une ch........vre

6 Écris **é** ou **ê**.

un ch........ne   une m........nagerie

une ....curie   une fen........tre

une b........te   un oc........an

une f........te   un g........ant

7 Complète avec **é**, **è** ou **ê**.

La boulang........re a rang........ ses brioches

derri........re l'........talage. Elle a gard........ les

plus ....normes pour l'........pici........re.

En........change, elle aura du caf........, des

l........gumes et des p........ches que son fr........re a

command........s pour pr........parer sa f........te.

As-tu réussi ?

35 Choisir entre *on* et *ont*

ORTHOGRAPHE

Je retiens

On et **ont** ne sont pas les mêmes mots.

● **on** est un **pronom sujet**. Il peut être remplacé par **il**.
   On fait du jardinage. ➜ **Il** fait du jardinage.

● **ont** est la forme du **verbe avoir** au présent à la 3e personne du pluriel. Il peut être remplacé par **avaient**.
   Ils **ont** un jardin. ➜ Ils **avaient** un jardin.

... il ou par **avaient**, comme ça tu ne peux plus te tromper !

Si j'ai bien compris, tu essaies de remplacer dans ta tête **on** par...

Je m'entraine

1 **Remplace** on **par** il **et réécris la phrase.**

a. On est allé jardiner.

....

b. On a planté des pommes de terre.

....

c. Mais on s'est beaucoup sali.

....

2 **Écris** avaient **à la place de** ont **et réécris la phrase.**

a. Ils ont planté des carottes.

....

b. Elles n'ont pas poussé.

....

c. Ils ont planté des radis qui ont poussé !

....

3 **Relie quand tu peux remplacer par** il **ou par** avaient**.**

a. On a bien dormi !   ●
b. Ils ont trop dormi !   ●
c. Hier, on dansait.   ●   ● il
d. Les garçons ont joué. ●   ● avaient
e. A-t-on le droit de rire ? ●
f. Ont-ils bien rangé ?   ●

J'approfondis

4 **Complète les phrases par** on **ou** ont**.**

a. Dans la nuit, ... s'est réveillé.
b. Les bruits m' .... réveillé tôt.
c. .... entendait toutes sortes de bêtes.
d. Elles .... bougé longtemps.

5 **Écris** on **ou** ont**.**

a. .... me dit que les chiens .... un bon odorat.
b. .... pense qu'ils .... des milliers d'odeurs en mémoire.
c. C'est pour ça qu'........ les voit tout sentir.
d. Ils .... toujours le nez au sol.

6 **Invente deux phrases avec** ont **et deux phrases avec** on**.**

....
....
....
....

INFOS PARENTS ~ Différencier *on* et *ont* revient à faire un exercice de manipulation du type « changer le temps de la phrase ». Le remplacement d'un mot par un autre est une gymnastique mentale dont tout le monde peut avoir besoin quand on écrit en français !

As-tu réussi ?

☐   ☐   ☐

36 Choisir entre *son* et *sont*

Je retiens

Son et **sont** n'appartiennent pas à la même classe de mots.

● **son** est un **déterminant**. Il peut être remplacé par **mon**.

　　son chien noir ➜ **mon** chien noir

● **sont** est la forme du **verbe être** à la 3ᵉ personne du pluriel au présent. Il peut être remplacé par **étaient**.

　　Les chiens **sont** obéissants.

　　➜ Les chiens **étaient** obéissants.

Son chien est tout mignon.

Ils **sont** mignons, il en a deux !

Je m'entraine

1 **Remplace** son **par** mon.

a. Son père a trouvé ce chien.

....

b. Son collier n'avait pas de nom.

....

c. Depuis, c'est son chien.

....

2 **Écris** étaient **à la place de** sont.

a. Les enfants sont intrépides.

....

b. Ils sont joueurs comme le sont les tigrons.

....

c. Ouf, ils sont aussi dormeurs !

....

3 **Relie quand tu peux remplacer par** mon **ou par** étaient.

a. Ils sont drôles. ●

b. Son chien est gentil. ●

c. Son chat est vieux. ●　　● mon

d. Les chiens sont bagarreurs. ●　　● étaient

e. Est-ce que son frère est là ? ●

f. Mes frères sont-ils là ? ●

J'approfondis

4 **Écris** son **ou** sont.

a. Les filles .... rousses.

b. Elles .... jolies !

c. .... œil gauche les contemple.

d. .... œil droit les admire.

e. .... maitre, lui, ne voit rien.

f. Les chiens .... plus observateurs !

5 **Choisis entre** sont **et** son.

Sa mère et .... père .... partis en vacances.

Ils .... allés dans .... pays préféré, ...

pays natal : la planète Euradia. Ils .... revenus

hier. .... père lui a rapporté .... gâteau

adoré : le glouchminach.

6 **Invente deux phrases avec** son **et deux phrases avec** sont.

....

....

....

....

....

 ～ Cette leçon a le même enjeu que la précédente. Votre enfant a besoin d'apprendre à manipuler les mots et les phrases. Ces petits mots, appelés homophones, sont nombreux : *ces/c'est, leur/leurs, la/là*. Ils seront vus tout au long des cycles 2 et 3.

37 Choisir entre *et* et *est*

Je retiens

Il ne faut pas confondre **et** et **est**.

● **et** est un **mot outil** (conjonction de coordination).
Ce petit mot peut être remplacé par **et puis** ou **et aussi**.
     Mon père **et** moi. → Mon père **et aussi** moi.

● **est** est le **verbe être** au présent, à la 3ᵉ personne du singulier.
Il peut être remplacé par **était**.
     Mon père **est** grand. → Mon père **était** grand.

Est, c'est un verbe…

Et, je ne sais pas, mais si on connait l'autre, on ne peut plus se tromper !

Je m'entraine

1 Remplace est par était.

a. Il est minuit. La nuit est claire.

....

b. Une étoile est plus lumineuse.

....

c. Ce n'est pas une étoile, c'est Vénus.

....

2 Réécris les phrases en ajoutant puis ou aussi après et.

a. Une étoile et une planète brillent.

....

b. Mon frère et moi les regardons,

....

tous les soirs, et même les nuits.

....

3 Souligne le verbe être.

a. Ma sœur est grande et blonde.

b. Elle est agaçante et fatigante.

c. Mais elle est drôle et elle me fait rire.

J'approfondis

4 Réécris ces phrases au singulier.

a. Les extraterrestres sont là.

....

b. Ils sont dangereux et méchants.

....

c. Papa et maman sont affolés.

....

d. Ils sont assis, ils ne bougent plus.

....

5 Écris et ou est.

La planète Euradia .... loin de la Terre. C'........ une planète magnifique .... terrifiante. L'air .... chaud .... sec, ... il .... difficile d'y rester .... d'y vivre.

6 Barre le mot qui ne convient pas.

a. David *et – est* Mathilde sont dans l'aéronef.

b. Ils atterrissent *et – est* se dirigent vers une maison *et – est* vers les hommes.

c. Il *et – est* probable qu'ils affolent *et – est* apeurent les grands *et – est* les petits !

INFOS PARENTS ~ Cette leçon et la précédente concernent le verbe *être*. N'hésitez pas à aider votre enfant en vous reportant à la leçon 19 p. 21 sur le présent du verbe *être*. Cela fera alors deux sortes d'exercices pour assimiler ces questions d'orthographe.

As-tu réussi ?

38 Choisir entre *a* et *à*

Je retiens

J'écris **a** ou **à** ?

Il ne faut pas confondre **a** et **à**.

● **a** est le **verbe avoir** au présent à la 3ᵉ personne du singulier.
Il peut être remplacé par **avait**.

    Il **a** faim. ➜ Il **avait** faim.

● **à** est un **mot outil** (préposition). Attention, *à* a un accent grave.
Il peut être remplacé par une autre préposition : **dans**, **vers**, **pour**.

    Regarde **à** l'ouest. ➜ Regarde **vers** l'ouest.

a, le verbe *avoir*, ou **à**, la préposition ?

Je m'entraine

① Remplace a par avait.

a. Hier, Léon a mangé une tarte.

....

b. C'est sa maman qui l'a faite.

....

c. Il en a encore le gout dans la bouche.

....

② Remplace a par avait.

a. Céline a dévoré une crêpe à la confiture.

....

b. À l'école, elle en a déjà mangé.

....

c. Parfois, elle a de la chance !

....

③ Remplace à par un autre petit mot :
vers, sur, dans...

a. Je vais à Paris.

....

b. Il y a des coquillages à la plage.

....

c. Il y a des jeux à l'école.

....

J'approfondis

④ Réécris ces phrases au présent.

a. Myriam avait un gouter.

....

b. Jérémy avait des bonbons.

....

c. Il n'avait pas envie de partager.

....

⑤ Réécris ces phrases au singulier.

a. Les pommes ont des pépins.

....

b. Les fraises ont une queue verte.

....

c. Les abricots ont un noyau.

....

d. Et est-ce que les bananes ont des noyaux ?

....

⑥ Complète par a ou à.

Il y .... un plat qui mijote .... la cuisine.

Il .... une odeur de sucre. On dirait un dessert

.... la cassonade. Peut-être que maman ....

mis des pruneaux .... la cannelle ?

 ~ Le *a* et le *à* sont deux mots très employés dans la langue française. Il est important pour votre enfant de bien les connaitre afin de pouvoir les distinguer.

39 Choisir entre *ou* et *où*

À la bibliothèque...
ou au stade.

Je retiens

Où vas-tu ?

● **ou** est un **mot outil** (conjonction de coordination). Il peut être remplacé par **ou bien**. Il indique un choix.

Pomme **ou** poire ? ➜ Pomme **ou bien** poire ?

● **où** est un **mot outil** (adverbe). Il s'emploie dans le contexte d'un lieu, d'un endroit.

Où vas-tu ? ➜ **Dans quel lieu** vas-tu ?

Je m'entraine

1 **Remplace** ou **par** ou bien**.**

a. Fromage ou dessert ?

....

b. Noir ou blanc ?

....

c. Confiture ou chocolat ?

....

2 **Réécris en changeant** ou **par** ou bien **quand c'est possible.**

a. Où es-tu ? Dans la cuisine ou dans la salle de bains ?

....

b. Je suis où bon me semble !

....

c. Veux-tu que je vienne ou tu me rejoins ?

....

d. Ou je me lave, ou je m'endors !

....

3 **Choisis entre** ou **et** où**.**

a. .... est mon frère ?
b. Il est dans le jardin .... dans la maison.
c. Je sais .... le trouver.
d. Il faut regarder .... est la lumière.

J'approfondis

4 **Invente une réponse à chaque question.**

a. Où es-tu ?

....

b. Sais-tu où est mon pull ?

....

c. Où sont tes chaussures sales ?

....

5 **Complète avec** ou **et** où**.**

a. Je suis revenue d'............ j'étais partie.

b. J'ai marché .... couru. Sur la plage .... il y a des galets, j'ai marché.

c. Là .... j'ai trouvé du sable, j'ai couru.

d. Et toi, ... es-tu allé ? Sur le sable .... sur les galets ?

6 **Barre le mot qui ne convient pas.**

a. Mon chien *ou – où* mon chat a fait des bêtises. Il a abimé *ou – où* même cassé les tablettes *ou – où* il y avait des jeux.

b. Et *ou – où* est-il maintenant ? Il ne peut être que dans la cuisine *ou – où* le salon.

INFOS PARENTS ~ La nouveauté, ici, c'est que *ou* et *où* sont deux mots invariables : ils ne changent jamais. Votre enfant doit donc s'appuyer sur le sens : d'un côté *ou* qui signifie *ou bien*, et de l'autre *où* qui indique une notion de lieu.

As-tu réussi ?

40 Écrire *m* devant *m*, *b*, *p*

Je retiens

● Devant les lettres **m**, **b** et **p,** il faut mettre un **m** à la place du **n.**

an devient **am** : une **am**bulance
en devient **em** : **em**porter
on devient **om** : une **om**bre
in devient **im** : **im**portant

| **Sauf : un bonbon, une bonbonnière, embonpoint, néanmoins.**

Moi, ce sont les bonbons que je préfère !

Eh bien ça, ça tombe bien !

Je m'entraine

1 **Entoure les sons** an, on **et** in.

une dent	un enfant
un emplacement	tomber
un lapin	impossible

2 **Entoure la lettre qui est juste après le** m.

impatient	les pompiers
un tambour	la température
un timbre	emmener

3 **Écris le mot sous le dessin.**

a.

....

b.

....

c.

....

d.

....

J'approfondis

4 **Ajoute** m **ou** n **et entoure la lettre qui t'a fait choisir.**

e...........suite	mo...........tre
i...........mense	ve...........dredi
une o...........brelle	le de...........tiste
si...........ple	la co...........pote

5 **Trouve les contraires des mots en ajoutant** in **ou** im.

a. pair	**b.** mobile ....
c. battable...............	**d.** buvable ....
e. connu	**f.** juste ....
g. possible	**h.** attendu ....

6 **Devinettes.**

a. Je répare les fuites d'eau.

Je suis un ....

b. Je suis un légume long, tout vert. On me mange surtout l'été en entrée.

Je suis un ....

c. Je suis une saison douce que les fleurs adorent.

Je suis le ....

 As-tu réussi ?

INFOS PARENTS ~ Il peut être intéressant de s'appuyer sur cette règle régulière et dont les exceptions sont faciles, pour montrer à votre enfant comment apprendre par cœur une règle, et comment l'utiliser quand il passe à l'écrit.

41 Écrire le pluriel des noms et des adjectifs (1)

Je retiens

- Les adjectifs et les noms, pour la plupart, s'écrivent avec un **s** au pluriel.

  un ordinateur – des ordinateur**s**

- Quand un mot (nom ou adjectif) se termine par un **s**, un **x** ou un **z** au singulier, il ne change pas au pluriel.

  une souris – des souris

Veux-tu une crêpe ?

Je préférerais deux crêpes !

Je m'entraine

1 Entoure les groupes nominaux au pluriel.

un petit chat – des oies criardes – un gros tracteur – une souris grise – mes jolies petites poulettes – une vache laitière – les jeunes chatons

2 Relie le singulier et le pluriel. Entoure tout ce qui a changé.

- **a.** mon canard •
- **b.** une poule •
- **c.** leur ferme •
- **d.** ce fermier •
- **e.** la grange •

- • leurs fermes
- • mes canards
- • des poules
- • les granges
- • ces fermiers

3 Classe les mots suivant leur pluriel.

le riz – un chat – minuscule – un œuf – une brebis – une perdrix – gras – une écurie – gros – une barrière – une souris – une charrue

S'écrit avec un « s » au pluriel	Ne change pas au pluriel
....	....
....	....
....	....
....	....
....	....
....	....

J'approfondis

4 Écris au singulier.

a. ces moutons blancs

....

b. des cochons roses

....

c. mes chèvres brunes

....

5 Écris au pluriel.

a. un chien méchant – une jeune fermière

....

b. un bœuf énorme – un lapin gris

....

c. un grand hangar – une belle jument

....

6 Complète ce texte en ajoutant des s si besoin.

Un jour........ cet été, je suis allé dans une grande........ ferme........ Il y avait des énorme........ oie........ grise........ C'étaient des belle........ bête........ Mais elles avaient une voix atroce........ et criarde........ En plus, elles pinçaient avec leur gros........ bec........

As-tu réussi ?

Écrire le pluriel des noms et des adjectifs (2)

Je retiens

Tous les mots au pluriel ne s'écrivent pas avec un **s**.

● Les mots qui se terminent par **-al** au singulier s'écrivent **-aux** au pluriel : un anim**al** – des anim**aux** (sauf carnavals, bals...)

● Les mots qui ont leur singulier en **-au** ou **-eau** s'écrivent avec un **x** au pluriel : un v**eau** – des v**eaux** (sauf landaus...)

● Les mots qui se terminent par **-ou** au singulier s'écrivent avec un **s** au pluriel : un tr**ou** – des tr**ous**
Mais attention : chou, hibou, pou, caillou, genou, bijou, joujou s'écrivent avec un **x** au pluriel.

● Les mots qui se terminent par **-eu** au singulier s'écrivent avec un **x** au pluriel.
    un **lieu** – des **lieux** (sauf pneus, bleus...)

● Les mots qui se terminent par **-ail** au singulier s'écrivent avec un **s** au pluriel : un r**ail** – des r**ails**
Mais quelques-uns s'écrivent **-aux** au pluriel, comme travail, corail, ou vitrail par exemple.

> J'espérais qu'il n'y aurait pas d'exception pour les pluriels !

> Trop simple, c'est plus drôle avec des mots taquins...

Je m'entraine

1 **Relie les groupes nominaux singulier et pluriel.**

a. un château ●   ● les bijoux
b. le bijou ●   ● ces feux
c. ce feu ●   ● des châteaux
d. mon jeu ●   ● tes chameaux
e. ton chameau ●   ● mes jeux

2 **Écris singulier (S) ou pluriel (P).**

a. trois agneaux (....)   b. dix chevreaux (....)
c. un chou (....)   d. un drapeau (....)
e. des chevaux (....)   f. des drapeaux (....)

3 **Classe les mots suivant leur pluriel.**

doux – un sou – un caillou – un pneu – un carnaval – un bureau – joyeux – un neveu – mauvais

Avec un « s » au pluriel	Avec un « x » au pluriel	Ne change pas au pluriel
....	....	....
....	....	....
....	....	....

J'approfondis

4 **Écris au singulier.**

a. mes chevaux – des bocaux

....

b. ces chapeaux – les morceaux

....

c. des métaux – des corbeaux

....

5 **Écris au pluriel.**

a. un caillou – un sou – un genou – un pou

....

b. un éventail – un neveu – un gâteau – un portail

....

c. un pneu – un seau – un ballon – un travail

....

6 **Mets les groupes nominaux au pluriel.**

a. un gros rideau – un bureau bleu

....

b. un tableau noir – un vieux bateau

....

INFOS PARENTS ~ Ces pluriels particuliers sont parfois longs à acquérir, ce qui est tout à fait normal. Il faut que l'enfant enclenche une gymnastique mentale rigoureuse pour « trier les mots », cela se mettra en place, doucement.

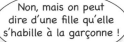

Je retiens

Non, mais on peut dire d'une fille qu'elle s'habille à la garçonne !

Au fait, fille, ce n'est pas garçon avec un « e » !

- Dans le groupe nominal, la façon la plus fréquente de marquer le **féminin** est d'ajouter un **e**.

  un petit apprenti – une petit**e** apprenti**e**

- Seuls les noms de personne ou d'animal ont un masculin et un féminin.

  un boucher – une bouchère

- Quelquefois la consonne est doublée.

  un lio**n** – une lio**nne**

- Quand le mot se termine par un **e** au masculin, il ne change pas au féminin.

  un dentiste efficace – une dentiste efficace

Je m'entraine

1 Relie les groupes nominaux féminin et masculin.

a. un ami gentil   •   • une chatte câline

b. un lion féroce   •   • une enfant élégante

c. un chat câlin   •   • une amie gentille

d. un élève brillant   •   • une lionne féroce

e. un enfant élégant   •   • une élève brillante

2 Entoure ce qui change.

Masculin	Féminin
un fiancé souriant	une fiancée souriante
un gagnant enragé	une gagnante enragée
un jeune candidat	une jeune candidate
un géant diabolique	une géante diabolique
un musicien exceptionnel	une musicienne exceptionnelle

3 Barre l'intrus dans chaque ligne.

a. ourse – lionne – chien – chatte

b. équipier – évadée – couturier – indien

c. musicienne – ami – ennemie – invitée

d. bon – délicieux – savoureux – succulente

e. endormie – fatigué – réveillée – reposée

f. chanteur – danseur – comédienne – régisseur

J'approfondis

4 Écris au féminin les groupes nominaux.

a. un ami attentionné

....

b. mon charmant invité

....

c. un mauvais perdant

....

d. un marquis connu

....

5 Transforme tout le texte au féminin.

Un apprenti doué est dans la cuisine. L'invité gourmand arrive dans la salle. C'est un marchand de légumes. Il voudrait rencontrer l'apprenti. À côté, le client est mécontent. L'apprenti a quitté sa cuisine !

....

....

....

....

....

....

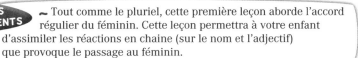

INFOS PARENTS ~ Tout comme le pluriel, cette première leçon aborde l'accord régulier du féminin. Cette leçon permettra à votre enfant d'assimiler les réactions en chaine (sur le nom et l'adjectif) que provoque le passage au féminin.

As-tu réussi ?

Je retiens

● Il existe des mots qui changent vraiment quand on les écrit au féminin.

– Les mots en **-eux** deviennent **-euse**.

heur**eux** – heur**euse**

– Les mots en **-eur** deviennent **-euse** ou **-rice**.

un coiff**eur** – une coiff**euse**, un direct**eur** – une direct**rice**

– Les mots en **-if** deviennent **-ive**.

invent**if** – invent**ive**

– Les mots en **-e** deviennent **-esse**.

un maitr**e** – une maitr**esse**

● D'autres mots, surtout les noms d'animaux, changent complètement au féminin : un bouc – une chèvre

Encore une fois des exceptions…

Oui, mais là au moins le féminin on l'entend, on n'oublie pas le « e » !

Je m'entraine

1 **Écris ces noms au masculin.**

a. une institutrice – une cuisinière

....

b. une chanteuse – une princesse

....

c. une monitrice – une dompteuse

....

2 **Entoure ce qui a changé.**

Masculin	Féminin
un boulanger	une boulangère
un roi	une reine
un frère	une sœur
un dessinateur	une dessinatrice
un voleur	une voleuse

3 **Écris un ou une. Parfois, les deux sont possibles.**

a. .... commerçante   **b.** .... fleuriste

c. .... pâtissier   **d.** .... dentiste

e. .... ennemie

J'approfondis

4 **Écris G quand c'est un garçon qui parle, F quand c'est une fille.**

a. Je suis heureuse. ....

b. Je suis doux. ....

c. Je suis gentille. ....

d. Je suis moniteur. ....

5 **Transforme au féminin.**

a. ton fidèle admirateur

....

b. le malheureux prince

....

c. un fameux présentateur

....

d. un ouvrier génial

....

6 **Accorde les noms et adjectifs si nécessaire.**

Cette agricult...... est enchanté...... de sa

débutant...... Elle est motivé...... et passionné.......

Elle est efficace...... et heureu...... de venir le matin.

As-tu réussi ?

INFOS PARENTS ~ Certains féminins sont un peu difficiles à acquérir, car ils n'obéissent pas à des règles précises : *coiffeur – coiffeuse ; directeur – directrice.* N'hésitez pas à proposer l'aide du dictionnaire à votre enfant.

45 Identifier la lettre finale d'un mot

Je retiens

- Certains mots se terminent par une lettre qu'on n'entend pas : **une lettre muette**.
- Cette lettre peut être un **t**, un **d**, un **x**, un **s**...
- Pour trouver la lettre finale d'un mot, il faut s'aider soit du féminin, soit des mots de la même famille.

    petit – petite / lit – literie

> Il y a même des mots qui ont deux lettres muettes.

> Exact, comme « doigt » !

Je m'entraine

1 Entoure la lettre muette.

une dent   un éclat   un regard

un refus   éteint   fameux

2 Relie les mots qui vont ensemble et ajoute la lettre muette.

a. un pay........   •   • sauter

b. un sau........   •   • réciter

c. cen........   •   • boiserie

d. boi........   •   • paysage

e. réci........   •   • centaine

3 Écris le féminin des mots à droite.
Puis ajoute la lettre muette au mot.

a. pla........ – ....

b. profon........ – ....

c. chau........ – ....

d. froi........ – ....

e. couver........ – ....

f. succulen........ – ....

g. gri........ – ....

h. blan........ – ....

J'approfondis

4 Écris les groupes nominaux au masculin.

a. une habitante charmante

....

b. une grosse gourmande

....

5 Trouve un mot de la même famille. Ajoute la lettre muette.

a. le toi........ – ....

b. le trico........ – ....

c. le galo........ – ....

d. le tapi........ – ....

e. le confor........ – ....

f. le vagabon........ – ....

6 Complète avec les bonnes lettres muettes.

le gran........ blon........ – un pla........ chau........

– un éléphan........ for........ – un len........

rebon........ – un lon........ retar........

– un frui........ cui........ – un repo........

parfai........ – un bor........ étroi........

– un débu........ laborieu........ – un candida........

admi........

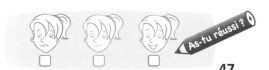

As-tu réussi ?

Je retiens

- Après un verbe ou une préposition, le verbe est à l'infinitif :
  *J'aime **manger** le matin.*
  *Nous avons des devoirs à **terminer**.*

- Après les verbes **avoir** et **être**, il s'agit d'un participe passé :
  *Les enfants ont **joué** dehors.*
  *Ils sont **rentrés** au chaud.*
  *Mes sœurs sont **restées** dans le jardin.*

Pour ne pas se tromper, il suffit de remplacer le verbe en -**er** par un autre verbe en -**ir** (finir, fini) ou **vendre** (vendre, vendu) qui eux laissent entendre une différence.

> J'ai encore écrit « mangé » au lieu de « manger » !

> Essaie de remplacer « manger » par « finir » ou « vendre », ça aide !

Je m'entraine

1 **Souligne en vert les verbes en -er du 1ᵉʳ groupe à l'infinitif et en rouge les participes passés.**

Oh ! Mon chat a dévoré ma viande. Il a sauté sur le buffet et a osé dévorer mon assiette. Il a tellement mangé qu'il est allé se cacher au fond du jardin pour digérer.

2 **Entoure les mots en gras quand tu peux les remplacer par « vendre ».**

a. J'ai **acheté** plein de billes.
b. **Acheter** des billes est un vrai plaisir.
c. J'aime **acheter** des billes !
d. Pourquoi **acheter** autant de sucre ?
e. Mon papa n'a jamais **acheté** de billes, il gagnait tout le temps !

3 **Barre la mauvaise forme verbale.**

a. Ce sommet *enneigé – enneiger* semble très *éloigné – éloigner*.
b. Les alpinistes vont *tenté – tenter* de *l'escaladé – l'escalader*.
c. Ils devraient y *arrivé – arriver*, ils ont bien *préparé-préparer* cette ascension.

J'approfondis

4 **Ajoute é ou er.**

a. Ton repas termin...., tu pourras jou.... .
b. Nous aimerions visit.... ce musée que tu as aim.....
c. Les enfants iront nag.... demain.
d. Papa s'est lev... très tôt, il peut train.... au petit déjeuner !
e. Pourquoi ne pas saut.... à la corde au lieu de jou.... aux billes ?

5 **Complète les phrases avec l'infinitif ou le participe passé du verbe.**

a. danser – dansé
Nous avons .... toute la nuit.
J'adore ....
L'an prochain, nous irons .... au bal.
b. sauter – sauté
Le chien aime .... par-dessus la barrière.
Mais, il a .... trop haut.
Il a presque .... jusqu'à la branche.
c. jouer – joué
Ma sœur a .... au foot.
.... au foot, c'est sa passion.
Elle va y .... tous les mercredis.

As-tu réussi ?

47 Classer des mots dans l'ordre alphabétique

Je retiens

f... g..., alors fille est avant garçon !

Pour une fois...

● Pour ranger les mots, on utilise l'ordre alphabétique, c'est-à-dire l'ordre des lettres dans l'alphabet.

a b c d e f g h i j k l m n o p q r s t u v w x y z

● Pour les ranger, il faut regarder la première lettre.

ananas – **b**anane – **f**raise – **m**elon

● Quand des mots ont la même première lettre, il faut regarder :

– la deuxième lettre :

a**b**ricot – a**n**anas – a**r**tichaut

– puis la troisième lettre :

an**g**lais – an**i**mal – an**n**ée – an**t**ipuce

– la quatrième et ainsi de suite :

arti**c**haut – arti**s**an – arti**s**te

Je m'entraine

1 **Écris la lettre qui est juste avant et juste après.**

a. .... f .... v ....

b. .... q .... s ....

c. .... n .... b ....

d. .... i .... k ....

e. .... d .... t ....

f. .... g .... c ....

2 **Range ces lettres dans l'ordre alphabétique.**

a. c – g – j – k – d – e : ....

b. w – h – i – r – p – m : ....

c. n – b – v – c – x – q : ....

d. o – q – t – z – w – d : ....

3 **Entoure le mot qui sera rangé le premier dans l'ordre alphabétique.**

a. betterave – ananas – concombre

b. carotte – tomate – salade

c. kiwi – poire – laitue

d. poireau – poire – prune

J'approfondis

4 **Entoure les listes classées dans l'ordre alphabétique.**

a. ananas – céleri – carotte – pomme de terre – table

b. couteau – cuillère – fourchette – serviette – verre

c. moutarde – gruyère – parmesan – sel – poivre

d. café – eau – limonade – thé – tisane – vin

5 **Classe les mots dans l'ordre alphabétique.**

a. pêche – abricot – mangue – papaye – cassis

....

b. betterave – balance – bouillir – bouillant

....

c. cassoulet – casserole – casse – casser

....

d. infuser – infusion – infinitif – infirmière

....

6 **Dans ton dictionnaire, trouve le mot rangé juste avant et celui rangé juste après.**

a. .... – épinard – ....

b. .... – soupe – ....

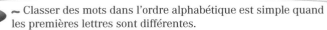

As-tu réussi ?

Je retiens

Si le mot commence par a, b, c, d, on cherche au début du dictionnaire.

Et s'il commence par w, x, y, z, on cherche à la fin.

● Pour trouver rapidement un mot dans le dictionnaire, on utilise les mots repères situés en haut des pages.

| Premier mot de la page | ← | ▬ | | ▬ | → | Dernier mot de la page |

● Si le mot est classé avant, il faut chercher dans les pages d'avant, si le mot est classé après, il faut chercher dans les pages d'après.

● Si le mot recherché est entre les deux mots repères, il se situe sur cette page.

(**Attention ! Les verbes sont toujours écrits à l'infinitif.**

Je m'entraine

1 **Souligne les mots qui seront plutôt au début du dictionnaire et entoure ceux qui seront à la fin.**

cartable – ardoise – tableau – table – ustensile – taille-crayon – crayon – tube – colle

2 **Tu as ouvert ton dictionnaire à la lettre F. Coche** avant **si le mot donné est avant,** après **s'il est après, et F s'il est à la lettre F.**

	Avant	F	Après
stylo			
pochette			
feutre			
famille			
cartouche			
trousse			
classeur			

3 **Barre le mot qui ne peut pas être entre les deux mots repères en gras.**

a. **général** – gouter – garage – **grande**

b. **potager** – porter – poupée – **pousser**

c. **tard** – thé – tarif – taverne – **teinture**

d. **debout** – décevant – déçu – **décider**

J'approfondis

4 **Tard et Teinture sont les deux mots repères. Indique par une croix où tu trouveras le mot recherché. Souligne la lettre qui t'a aidé(e) à dire si c'est avant ou après.**

	Avant	Sur cette page	Après
tarte			
tartre			
tomate			
tante			
tente			
taureau			
talent			

5 **Cherche chaque mot dans ton dictionnaire. Écris le numéro de la page où tu l'as trouvé, ainsi que le mot qui suit.**

Mot	Page	Mot qui suit
école		
copain		
récréation		
bille		
corde		
ballon		
marelle		

As-tu réussi ?

INFOS PARENTS ~ Choisir un dictionnaire pour son enfant n'est pas facile, vous pouvez en choisir un qui corresponde à son niveau.
~ Les dictionnaires de débutants (CP-CE1) comportent trop peu de mots. Il faudra de toute façon en changer au fur et à mesure de la scolarité.

49 Lire un article de dictionnaire

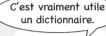

C'est vraiment utile un dictionnaire.

Oui, j'aime bien en avoir un à côté de moi quand je travaille.

Je retiens

● Un dictionnaire offre plusieurs informations sur les mots. Il permet de connaitre :

– son **orthographe**, c'est-à-dire comment le mot s'écrit ;

– la **définition** du mot, c'est-à-dire le sens du mot ;

– sa **classe** : si c'est un verbe, un nom commun, un adjectif...
Cette information est écrite en **abréviation** (n.f. = nom féminin).

● Il indique aussi le **pluriel** ou le **féminin** du mot si celui-ci est particulier.

● Quand un mot a plusieurs sens, il y a plusieurs définitions. Il faut alors choisir en fonction du **contexte du mot**.

> **Plume** a deux significations : la plume de l'oiseau ou la plume du stylo.

Je m'entraine

1 Regarde la table des abréviations de ton dictionnaire et écris à quoi elles correspondent.

a. n.m. : ....

b. v. : ....

c. adj. : ....

d. n.f. : ....

e. pl. : ....

2 Relie chaque mot à la classe qui lui correspond. Utilise ton dictionnaire.

a. grand ●
b. manger ● ● nom masculin
c. éléphant ● ● nom féminin
d. souris ● ● verbe
e. dévorer ● ● adjectif
f. énorme ●

3 Relie chaque mot à sa définition.

a. Foire ● ● 1. Puissant physiquement.
b. Fou ● ● 2. Qui a perdu la raison.
c. Fort ● ● 3. Grand marché.
d. Fortune ● ● 4. Creuser pour chercher.
e. Forêt ● ● 5. Biens, richesse.
f. Fouiller ● ● 6. Grande étendue d'arbres.

J'approfondis

4 Indique si ces mots sont masculins ou féminins. Aide-toi de ton dictionnaire.

a. pétale : ....   b. tzigane : ....

c. volt : ....   d. tulle : ....

5 Recherche dans le dictionnaire et écris la définition des mots.

a. braire : ....

b. papaye : ....

c. limpide : ....

6 Lis cet article de dictionnaire et réponds aux questions.

> **Lame :** n.f. ; partie coupante d'un couteau ; petit morceau d'acier très coupant : *la lame du rasoir* ; vague forte du fond des mers : *une lame de fond*.

a. Quel est le genre de ce mot, et à quelle classe appartient-il ?

....

b. Combien a-t-il de sens différents ?................

c. À quoi servent les mots en italique ?
☐ Ils donnent des exemples.
☐ Ils donnent d'autres sens.
☐ Ils expliquent le mot.

INFOS PARENTS ~ Cette leçon permet de montrer à votre enfant combien le dictionnaire est un outil complet, non seulement pour l'orthographe, mais aussi pour enrichir son vocabulaire (synonymes, antonymes)... Au quotidien, n'hésitez pas à lui proposer de chercher lui-même dans le dictionnaire quand il a une question.

As-tu réussi ?

☐ ☐ ☐

Je retiens

Ah, fille, fillette, ça fait une jolie famille.

Tu as oublié le fils !

- Des mots sont de la même **famille** quand ils ont le même **radical**, et ont un sens commun :

  lent – **lent**e – **lent**ement – ra**lent**ir ➜ le radical est lent.

- Repérer des familles est très utile :
– pour orthographier, c'est-à-dire écrire correctement les mots ;
– pour comprendre le mot.

Je m'entraine

1 Colorie de la même couleur les mots de la même famille.

doux	collectionner	parapluie
dur	douceur	éventail
collection	venteux	durcir
pluie	durement	adoucir
vent	pluvieux	collectionneur

2 Trie les mots en familles. Entoure le radical.

fleur – mensonge – droit – fleuriste – menteur – malpoli – mentir – droitier – adroitement – visser – vis – poliment – fleurir – tournevis

a. ....

b. ....

c. ....

d. ....

e. ....

3 Barre le mot intrus. Entoure le radical.

a. soleil – solaire – ensoleillé – scolaire – parasol

b. déteindre – teinture – teinte – peinture – teindre

c. terrien – déterrer – extraterrestre – terrible – atterrir

J'approfondis

4 Fabrique une famille de mots.

Ma voiture ne marche pas,

elle est en ....

Je vais appeler un ....

Il viendra avec sa ....

Mais un .... coute cher !

5 Trouve trois mots de la même famille.

a. neige : ....

b. aliment : ....

c. baigner : ....

6 Trouve le plus de mots possible de la famille de :

a. bord : ....

....

....

....

....

b. jour : ....

....

....

....

....

....

 ~ Les familles de mots sont d'une grande aide, autant pour l'orthographe que pour le sens. Elles permettent aussi d'enrichir son vocabulaire et de jouer avec les mots.

Je retiens

On devrait pouvoir inventer d'autres mots avec les préfixes et les suffixes.

● Le **préfixe** ou le **suffixe** est un groupe de lettres que l'on ajoute au radical du mot. Il permet d'en changer le sens ou la nature.

● Un **préfixe** se place devant le radical : porter – **em**porter – **ap**porter.
Un **suffixe** se place derrière le radical : porter – port**able** – port**eur**.

Ils ont chacun un sens différent :
re- ➜ **re**faire, **re**voir : faire, voir à nouveau.
anti- ➜ **anti**puces, **anti**poux : contre les puces, les poux.
in-, im-, ir-, mal- ➜ **mal**poli, **im**patient : exprime le contraire.

Antitravail, antidevoirs, antitout, mais ceux-là n'existent pas !

Je m'entraine

1 Colorie les préfixes, entoure les suffixes. Souligne le radical.

a. coiffure – coiffeur – décoiffé

b. bord – déborder – border

c. mur – murer – emmurer

d. patient – impatient – patience

2 Découpe les mots pour faire apparaitre le préfixe et le radical.

instable : in + stable

a. insensible : ....

b. malhabile : ....

c. illimité : ....

d. déboucher : ....

3 Colorie de la même couleur les deux verbes qui expriment le contraire.

former	décrocher
accrocher	décoller
coller	débrancher
armer	désarmer
brancher	déformer
plier	déplier

J'approfondis

4 Change le suffixe pour obtenir un verbe.

chanson → chanter

a. patiente → ....

b. gagnant → ....

c. perte → ....

d. jouet → ....

5 Ajoute un préfixe pour dire le contraire.

a. heureux → ....

b. faire → ....

c. prudent → ....

d. réel → ....

6 Ajoute un préfixe et un suffixe au radical.

a. neige → ....

b. lire → ....

c. égal → ....

d. tache → ....

INFOS PARENTS ~ L'enjeu de cette leçon est que votre enfant se rende compte qu'il existe une certaine régularité dans la formation des mots. Le français a la particularité de permettre la construction de mots facilement, en jouant avec les préfixes et les suffixes.

52 Comprendre un mot dans ses différents sens

Je retiens

J'adorerais voler !

Voler comme un oiseau ou voler mes gâteaux ?

● Un mot peut avoir différents sens. C'est le texte ou les autres mots de la phrase qui permettent de comprendre le sens du mot.

J'ai écrit mon nom sur une **feuille**. *(feuille de papier)*
Les **feuilles** tombent en automne. *(feuille d'arbre)*

(Attention ! Pour s'aider, il ne faut pas oublier le dictionnaire !

Je m'entraine

1 **Entoure les mots qui peuvent avoir plusieurs sens.**

glace – stylo – cartable – lettre

2 **Écris 1 si on parle du temps qui passe, et 2 si on parle du temps qu'il fait.**

a. Il fait un temps affreux. ....

b. En ces temps-là, il dormait dehors. ....

c. Il passe son temps à dormir. ....

d. Il faut du temps pour arriver. ....

e. Le temps devient menaçant. ....

3 **Relie la phrase et le sens du mot en gras.**

a. J'ai acheté une
baguette fraiche. ●   ● 1. petit bâton de bois

b. J'ai perdu ma
baguette magique. ●   ● 2. pain long et fin

c. J'entends un bruit
de **goutte**.   ●   ● 3. petite quantité

d. Je veux bien une   4. liquide qui se
goutte de café.   ●   ● détache avec une
                                  forme sphérique

J'approfondis

4 **Entoure la définition du mot qui correspond à la phrase.**

a. *Ma montre n'a plus de **pile**.*

pile   1. Objet métallique qui fournit de l'éner-
           gie électrique.
        2. Feuilles ou livres mis les uns sur les
           autres.

b. *J'ai acheté un collier en **argent**.*

argent   1. Métal précieux blanc et brillant.
          2. Toute sorte de monnaie.

c. *Ma **règle** est tordue.*

règle   1. Instrument pour tracer des lignes.
         2. Principe et modèle d'attitudes
            à respecter.

5 **Cherche les différents sens de ces mots et écris une phrase pour chacun.**

a. Langue : ....

b. Langue : ....

c. Carte : ....

d. Carte : ....

6 **Sur une feuille à part, amuse-toi à inventer une phrase dans laquelle chaque mot sera employé deux fois, dans deux sens différents.**

a. glace   b. gouter

As-tu réussi ?

INFOS PARENTS ~ Un mot peut avoir des sens très différents. Votre enfant devra donc rechercher les informations lui permettant de le comprendre.
~ Les multiples définitions proposées dans le dictionnaire l'obligeront à s'appuyer sur le contexte de la phrase.

53 Utiliser des mots synonymes

Je retiens

Les gâteaux, c'est trop bon...

S'il te plait, un peu de vocabulaire : les pâtisseries, c'est délicieux !

● Quand deux mots ont un sens proche, on dit que ce sont des mots **synonymes**.

   mince – fin   joli – beau

● Utiliser des mots synonymes permet de **ne pas répéter** toujours les mêmes mots.

   C'est un **beau** bateau, ses voiles sont **belles**.
   → C'est un beau bateau, ses voiles sont magnifiques.

Je m'entraine

1 Barre le mot intrus.

a. grand – immense – grotesque – gigantesque

b. bon – infâme – délicieux – gouteux

c. tiède – froid – glacé – frigorifié

2 Barre le verbe intrus.

a. stopper – continuer – arrêter – cesser

b. casser – briser – démolir – faire

c. récupérer – prendre – attraper – donner

3 Entoure les mots synonymes du mot en couleur.

a. un bateau	**b. une voiture**
un navire	une mobylette
une embarcation	un véhicule
un marin	une locomotive
un voilier	une automobile
une barque	un monospace
c. un dessin	**d. une maison**
une œuvre d'art	une villa
un crayon	une demeure
une peinture	une chaumière
une illustration	un immeuble
une image	un chalet

J'approfondis

4 Relie chaque verbe avec ses deux synonymes.

a. parler ●   ● fabriquer ●   ● brailler
b. construire ●   ● bavarder ●   ● se concentrer
c. réfléchir ●   ● laver ●   ● lessiver
d. crier ●   ● penser ●   ● bâtir
e. nettoyer ●   ● hurler ●   ● discuter

5 Écris deux synonymes pour chacun des adjectifs.

a. content : ....

b. triste : ....

c. facile : ....

d. difficile : ....

e. gentil : ....

6 Réécris les phrases en remplaçant le mot en gras par un mot synonyme.

a. Mets ton **blouson** avant de sortir.

....

b. Enlève tes **pantoufles**.

....

c. Enfile tes **chaussures**.

....

d. Je vais me promener dans la **forêt**.

....

INFOS PARENTS ~ Deux mots ont rarement exactement le même sens. *Grand* et *immense* sont deux mots de sens proches mais pas identiques.
~ Ce qui est intéressant ici, c'est justement de jouer sur les nuances et d'en discuter avec votre enfant.

As-tu réussi ?

Je retiens

● Deux mots **antonymes** sont deux mots qui ont un **sens opposé ou contraire**.

petit – grand	construire – démolir
nain – géant	lentement – vite

J'adore les haricots verts !

Moi, c'est le contraire, je déteste ça !

● Ils peuvent être différents ou bien construits à partir du même radical.

gentil – méchant, patient – impatient, faire – défaire

Je m'entraine

1 **Relie chaque mot à son antonyme.**

a. riche ● ● triste
b. joyeux ● ● gros
c. éteint ● ● pauvre
d. maigre ● ● autorisé
e. étroit ● ● allumé
f. interdit ● ● large

SNIF

2 **Relie chaque verbe à son contraire.**

a. ajouter ● ● aimer
b. arrêter ● ● raccourcir
c. haïr ● ● retirer
d. allonger ● ● continuer
e. nettoyer ● ● venir
f. partir ● ● salir

3 **Colorie d'une même couleur les deux antonymes.**

le bonheur	le mal
l'inconnu	le malheur
le bien	le connu
la méchanceté	la tristesse
la gaieté	l'envers
l'endroit	la gentillesse

J'approfondis

4 **Écris le contraire de chaque adjectif.**

a. un carton <u>lourd</u> : ....
b. une <u>longue</u> lettre : ....
c. un <u>vieil</u> éléphant : ....
d. un chien <u>rapide</u> : ....
e. un exercice <u>dur</u> : ....

5 **Remplace chaque verbe par son contraire.**

a. Mon frère lave son pantalon.
....
b. Ma sœur obéit à mes parents.
....
c. Je jette mon papier par terre.
....

6 **Amuse-toi à réécrire ce texte en changeant les mots en gras par leur antonyme.**

Hier, je suis **partie** me promener sur le
....
marché. J'ai **acheté** des bananes **mures**,
....
des pêches **vertes** et de **bons** œufs. Je suis
....
revenue pauvre mais **contente** !
....

INFOS PARENTS ～ On retrouve ici la question de la précision des mots : si *petit* est le contraire de *grand*, le contraire de *minuscule* sera *immense*.
～ Cette leçon permet aussi de ne pas employer systématiquement la forme négative (ce que font souvent les enfants) : *j'aime, je n'aime pas.*

55 Différencier des mots homonymes

Je retiens

*Tu peux me donner un **verre**, s'il te plait ?*

- Deux mots qui se prononcent de la même façon mais qui n'ont pas le même sens sont appelés **homonymes**.

- On les différencie très souvent par leur orthographe.
  Je rajoute du **sel** dans mes pâtes.
  Je mets une **selle** sur mon cheval.

- Mais certains homonymes s'écrivent de la même façon.
  Je vais **vers** Paris. J'écris des poésies en **vers**.

*D'accord, un **ver** de terre, on va rire !*

Je m'entraine

1 Complète par le ou la.

a. Il lave .... moule à tarte.

b. .... moule est un mollusque délicieux.

c. Dehors, ... voile nuageux est très gris.

d. .... voile de mon bateau est déchirée.

e. Mon balai a .... manche violet.

f. Mon pull a .... manche déchirée.

2 Écris la ou elle.

a. .... tartine son pain.

b. J'adore .... confiture.

c. .... marche est bonne pour la santé.

d. .... marche d'un bon pas.

3 Aide-toi des phrases pour choisir entre porc ou port sous l'illustration et pour compléter les phrases.

a.   b.

....

c. Le .... vit dans une porcherie.

d. Le .... est rempli de gros cargos.

J'approfondis

4 Aide-toi de ton dictionnaire pour écrire maire, mère ou mer sous le dessin, et complète les phrases.

a.    b.   c.

....

d. La .... est parfois très agitée.

e. Le .... de mon village est jeune.

f. La .... de Paul prépare des crêpes.

5 Trouve un homonyme pour chaque mot.

a. un col : ....

b. un coup : ....

c. un renne : ....

6 Écris une phrase avec chacun des deux mots homonymes.

a. sang – cent

....

....

b. tente – tante

....

....

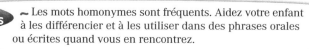

INFOS PARENTS ~ Les mots homonymes sont fréquents. Aidez votre enfant à les différencier et à les utiliser dans des phrases orales ou écrites quand vous en rencontrez.

56 Utiliser le bon registre de langue

Je retiens

Eh qu'est-ce tu fais mon pote ?

Très familier comme façon de me parler !

● On s'exprime différemment selon la personne à qui on s'adresse, le lieu où on se trouve, le moment, si on s'exprime à l'oral ou à l'écrit. On ne parle pas de la même façon à un camarade ou à un adulte, on n'écrit pas comme on parle...

● Pour cela, il existe **trois registres de langue**, ou trois façons de communiquer : le langage **familier**, le langage **courant** et le langage **soutenu**.

● Ces trois registres se différencient par le vocabulaire (par exemple pote, copain, camarade), par la construction des phrases ou la prononciation.

Je m'entraine

1 **Pour chaque couple de mots, entoure celui qui est familier.**

a. argent/fric
b. courir/cavaler
c. fringues/vêtements
d. travailler/bosser
e. chouiner/pleurer

2 **Pour chaque couple de mots, entoure celui qui appartient au langage soutenu.**

a. les cheveux/la chevelure
b. fortuné/riche
c. s'habiller/se vêtir
d. se désaltérer/boire
e. dissimulé/caché

3 **Classe les mots ou expressions dans le tableau.**

partir – se barrer – quitter les lieux
bagnole – automobile – voiture
maison – demeure – baraque

Langage familier	Langage courant	Langage soutenu
. . . .	. . . .	. . . .
. . . .	. . . .	. . . .
. . . .	. . . .	. . . .

J'approfondis

4 **Colorie de la même couleur les mots qui veulent dire la même chose.**

Familier	Courant	Soutenu
la trouille	abimer	dissimuler
planquer	boire	la crainte
boire un coup	la peur	la progéniture
bousiller	un enfant	endommager
un gamin	cacher	se désaltérer

5 **Écris le même mot en langage courant.**

a. Le pognon, c'est . . . .
b. Le boulot, c'est . . . .
c. Une bagnole, c'est . . . .
d. Se grouiller, c'est se . . . .
e. Un bouquin, c'est . . . .

6 **Réécris les phrases en langage courant puis soutenu.**

a. Je suis crevé.
Courant : . . . .
Soutenu : . . . .
b. Je me suis fait piquer mes billes.
Courant : . . . .
Soutenu : . . . .
c. Vite, je dois me fringuer !
Courant : . . . .
Soutenu : . . . .

INFOS PARENTS ～ Ce qui est important dans ces notions de registres de langue, c'est que l'enfant comprenne qu'il existe différentes façons de s'exprimer. Il ne s'agit pas ici d'un jugement de valeur mais bien d'envisager que l'on doit utiliser ces trois registres dans les différentes situations de communication (oral, écrit, interlocuteur) de la vie quotidienne.

As-tu réussi ?

Bilans

Proposez un bilan à votre enfant lorsque vous jugez le moment opportun. Choisissez deux ou trois exercices dans chaque domaine, vous constituerez ainsi le bilan de votre enfant, en phase avec son rythme d'apprentissage. Attention, votre enfant doit avoir suffisamment avancé dans l'année pour être en mesure de faire un bilan. Les vacances de la Toussaint sont le bon moment pour une première évaluation. Proposez-lui une deuxième évaluation lors des vacances de Noël, puis une troisième en février ou à Pâques. Ne lui donnez pas trop d'exercices d'un seul coup, cela risquerait de le décourager.

GRAMMAIRE

Connaitre les types de phrases et leur ponctuation (→ leçons 10, 11)

1 Termine la phrase avec . ou ? ou ! Puis indique le type de phrase : D pour déclarative, I pour interrogative, E pour exclamative et Inj pour injonctive.

a. Je vais bien .... → ....

b. Comme c'est agréable .... → ....

c. Pourquoi ce n'est pas toujours comme ça .. → ..

d. Chut, profite du silence .... → ....

e. Et toi, comment vas-tu .... →...........

0,5 point par bonne réponse.

... / 5

Identifier les formes de phrases (→ leçon 13)

2 Écris ces phrases à la forme négative.

a. Je suis un garçon.

....

b. J'ai encore des cheveux.

....

c. Mes bras sont longs.

....

d. Je ressemble à quelqu'un.

....

e. Je suis toujours gai.

....

1 point par phrase.

... / 5

Construire des phrases interrogatives (→ leçon 12)

3 Écris les phrases à la forme interrogative.

a. Tu vas te promener.

....

b. Vous ne voulez pas aller en forêt.

....

c. Il y a beaucoup de boue.

....

d. Nous irons sur le chemin.

....

e. La végétation est jolie.

....

1 point par phrase.

... / 5

Repérer le verbe et son sujet (→ leçons 6, 7)

4 Souligne le verbe et entoure le sujet.

a. Je déteste cette musique.

b. D'habitude, je danse tout le temps.

c. Là, tout le monde saute mais pas moi.

d. La guitare électrique est pourtant mon instrument préféré.

e. L'année dernière, ma meilleure copine en a acheté une !

0,5 point par bonne réponse.

... / 5

Bilans

Repérer le groupe sujet et accorder le verbe (→ leçons 8, 9)

5 **Souligne le sujet. Puis réécris les phrases au pluriel.**

a. Depuis hier, je soigne un chien.

....

b. Il s'amuse beaucoup.

....

c. Ce chien joue avec la chatte.

....

d. La chatte saute dessus.

....

e. Elle ne griffe pas.

....

0,5 point par bonne réponse.

... / 5

Identifier les mots du groupe nominal (→ leçons 1, 3, 4)

6 **Dans chaque groupe nominal, entoure le nom, souligne en bleu le déterminant et en rouge l'adjectif.**

a. Le vieux singe regardait dehors.

b. Il voyait des bananiers immenses et magnifiques.

c. Chaque plante majestueuse arborait des bananes ensoleillées.

d. Elles ressemblaient à des fruits sculptés.

e. Elles étaient d'une couleur vive et éblouissante.

0,25 point par bonne réponse.

... / 5

Repérer le genre et le nombre d'un groupe nominal et l'accorder (→ leçon 5)

7 **Indique le genre et le nombre du groupe nominal en gras. Réécris-le comme demandé.**

a. Je vois **un éléphant rose**. ....

→ au pluriel : ....

b. J'imagine **une lionne féroce**. ....

→ au masculin : ....

c. J'ai peur **des grands rhinocéros**. ....

→ au singulier : ....

d. Je déteste aussi **le petit moustique**. ....

→ au pluriel : ....

e. Ce ne sont pas **mes meilleurs amis**. ....

→ au féminin : ....

0,5 point par bonne réponse.

... / 5

CONJUGAISON

Trouver l'infinitif et le groupe d'un verbe (→ leçons 14, 15)

1 **Écris l'infinitif et le groupe du verbe.**

a. Paul fait un gâteau.

.... ; .... groupe

b. Il épluche les pommes.

.... ; .... groupe

c. Il ne demande plus d'aide.

.... ; .... groupe

d. Il voit la table prête.

.... ; .... groupe

e. Nous commençons vite le diner.

.... ; .... groupe

0,5 point par bonne réponse.

... / 5

Connaitre les pronoms de conjugaison (→ leçon 16)

2 **Complète les parenthèses comme dans l'exemple.**

On a déjà lu ce livre (3e pers. du singulier).

a. Nous l'aimons beaucoup. (................................)

b. Le connaissez-vous ? (...................................)

c. Je l'ai emprunté à la bibliothèque. (...................)

d. Ils ont toute la collection. (...............................)

e. Tu devrais y aller. (..)

1 point par bonne réponse.

... / 5

Conjuguer les verbes en -*er* du 1er groupe au présent (→ leçons 17, 18)

3 **Conjugue le verbe entre parenthèses au présent.**

a. (*adorer*) J' .... jouer aux échecs.

b. (*demander*) Ce jeu .... de la concentration.

c. (*terminer*) Mais les adversaires .... toujours fatigués.

d. (*commencer*) Si tu veux, nous .... une partie.

e. (*chuchoter*) Papa et maman .... en nous regardant.

1 point par bonne réponse.

... / 5

Conjuguer au présent les verbes courants du 3e groupe et *être* et *avoir* (→ leçons 19, 20, 21)

4 **Conjugue les verbes au présent.**

a. (*faire*) Vous ne .... que regarder cette partie, vous ne (*dire*) .... rien.

b. (*pouvoir*) Mais nous .... arrêter, si tu (*vouloir*) ....

c. (*avoir*) Tu .... de la chance, tes pions (*être*) .... bien placés pour l'instant !

d. (*pouvoir*) Mais tu .... revenir moins en forme.

e. On (*aller*) .... voir si tu (*gagner*) ...., si tu (*prendre*) .... mes pions.

0,5 point par bonne réponse.

... / 5

Conjuguer au futur (→ leçons 22 à 25)

5 **Conjugue les verbes au futur.**

a. (*avoir*) J' .... les cheveux longs.

b. (*faire*) Maman me .... des nattes.

c. (*prendre*) Mon frère .... un malin plaisir à les tirer !

d. (*crier*) Mes parents .... et moi, (*pleurer*) je ....

1 point par bonne réponse.

... / 5

Conjuguer les verbes à l'imparfait (→ leçons 26, 27, 28)

6 **Conjugue chaque verbe à l'imparfait.**

a. (*manger*) Je .... trop de bonbons.

b. (*abimer*) Ils .... surtout mes dents.

c. (*être*) Les enfants .... fans de bonbons piquants.

d. (*commence*r) Délicieux quand la langue .... à piquer !

e. (*avoir*) Ça .... un gout de boisson gazeuse.

1 point par bonne réponse.

... / 5

Conjuguer les verbes au passé composé (→ leçons 29, 30)

7 **Conjugue chaque verbe au passé composé.**

a. (*pouvoir*) Ce soir, j' .... jouer un peu.

b. (*jouer*) Nous .... à la bataille.

c. (*arriver*) Quand les dames ...., ouf !,

d. (*répondre*) mes rois .... présent.

e. (*être*) La partie .... un peu longue !

1 point par bonne réponse.

... / 5

Bilans

**Écrire des sons avec le _c_ et le _g_
(→ leçons 32, 33)**

 a. Complète les mots avec c ou ç.

une .....itadelle, un hame.....on, une balan.....oire,
une balan.....elle, nous balan.....ons

b. Complète les mots avec g ou ge.

une .....irouette, une man.....oire, un .....yrophare,
une oran.....ade, de la .....elée

0,5 point par bonne réponse.

... / 5

**Écrire des sons avec des lettres
particulières (→ leçons 31 à 34)**

 a. Complète avec s ou ss.

une .....alamandre, un pa.....age, des a.....ticots,
une a.....i.....tance

b. Complète avec é, è ou ê.

un .....l.....ve, les l.....vres, une .....paule, ...tre

0,5 point par bonne réponse.

... / 5

**Savoir écrire la fin d'un mot
(→ leçon 45)**

 Ajoute la lettre finale muette.

le hau....., le ba....., le débu....., l'arrê....., blan.....

1 point par bonne réponse.

... / 5

**Différencier _on/ont_ et _son/sont_
(→ leçons 35, 36)**

4 a. Choisis entre on et ont.

Les botanistes .... vu ces fleurs. .... disait
pourtant qu'.......... ne les verrait plus. Elles ....
réussi à s'adapter malgré la pollution. Mais
attention, ... ne sait pour combien de temps.

b. Choisis entre son et sont.

.... potager est splendide. Les allées .... en
spirale. .... idée fait merveille. Les tournesols
.... au milieu pour nourrir .... groupe
de mésanges.

0,5 point par bonne réponse.

... / 5

**Différencier quelques homophones
(→ leçons 37, 38, 39)**

5 a. Complète avec a/à, et/est.

Je vais .... Paris voir Paul. Il .... un chien ....
un chat. Il .... chanceux .... en plus très drôle !

b. Complète avec ou/où.

Il va .... il veut. Souvent, il me suit .... me colle.
Il se cache .... je suis passé. Là, je ne sais pas ....
il est. Devine, est-ce un chat .... un chien ?

0,5 point par bonne réponse.

... / 5

**Restituer et appliquer une règle
d'orthographe (→ leçon 40)**

**6 Complète la règle, puis ajoute m ou n
dans les mots.**

a. Devant un.........., un .... ou un ...., j'écris
un .... au lieu d'un *n*.

b. un po.....pier, un plo.....bier, un boula.....ger,
un cha.....teur, un do.....pteur, un i.....specteur

0,5 point par bonne réponse.

... / 5

**Écrire un groupe nominal au pluriel
(→ leçons 41, 42)**

7 Réécris ces groupes nominaux au pluriel.

a. le temps radieux : ....

b. le cheval heureux : ....

c. la corde cassée : ....

d. le chou mangé : ....

e. le travail fini : ....

0,5 point par adjectif et 0,5 point par nom.

... / 5

Écrire un groupe nominal au féminin (→ leçons 43, 44)

8 **Mets ces groupes nominaux au féminin.**

a. le coiffeur habile : ....

b. le boucher doué : ....

c. l'instituteur heureux : ....

d. le prince amoureux : ....

e. le petit voisin : ....

0,5 point par adjectif et 0,5 point par nom.

... / 5

Écrire -*er* ou -*é* à la fin d'un verbe (→ leçon 46)

9 **Écris -er ou -é.**

a. Elle a termin ..... son dessin.

b. Elle aime dessin ..... des arbres.

c. L'arbre est difficile à représent ......

d. Le tronc peut ressembl ..... à une statue.

e. Elle n'a rien gomm ......

1 point par bonne réponse.

... / 5

VOCABULAIRE

Classer des mots et les trouver dans un dictionnaire (→ leçons 47, 48)

1 **a. Classe ces mots dans l'ordre alphabétique.**

classe – cartable – crayon – craie – cahier

....

....

b. Voici les mots repères d'un dictionnaire, intercale les mots du a. entre ces mots.

cadeau .... calot ....

carré .... castor ....

club .... crapaud ....

cratère .... cru ....

0,5 point par bonne réponse.

... / 5

Utiliser un dictionnaire et trouver le sens d'un mot (→ leçons 49, 52)

2 **Cherche le mot en gras dans ton dictionnaire, et recopie juste la définition correspondant au sens du mot dans la phrase.**

a. Mets le **plat** sur la table.

....

b. Je n'aime pas la **raclette**.

....

c. Je **tape** à une main sur mon clavier.

....

d. J'ai déclaré ma **flamme** à Enzo.

....

e. La **mousse** pousse au nord du tronc.

....

1 point par bonne réponse.

... / 5

Construire des mots de la même famille (→ leçons 50, 51)

3 **Complète le tableau en construisant des mots de la même famille.**

Famille du mot	Avec un préfixe	Avec un suffixe
fort		
tour		

Bilans

Famille du mot	Avec un préfixe	Avec un suffixe
chausser		
jour		
certain		

0,5 point par bonne réponse.

... / 5

Employer des synonymes (→ leçon 53)

4 **Change chaque mot souligné par un mot synonyme.**

a. En vacances, je fais (.....................................) des maquettes.

b. Mon avion marche (.....................................) bien.

c. Je fais aussi (.......................................) le diner.

d. Je mange des choses (..............................) très agréables.

e. Je fais (...........................) même ma chambre.

1 point par bonne réponse.

... / 5

Exprimer le contraire (→ leçon 54)

5 **Écris un mot contraire du mot souligné.**

a. Les voitures roulent trop lentement (................).

b. Mais les conducteurs accélèrent (......................).

c. Ma famille déménage (.............................).

d. Tout le monde est triste (...........................).

e. Il faut tout emballer (.........................).

1 point par bonne réponse.

... / 5

Choisir entre plusieurs homonymes (→ leçon 55)

6 **a. Choisis entre père et paire.**

Mon .... a perdu sa .... de gants.

b. Choisis entre mer, mère et maire.

Ma .... est .... d'un village au bord de la ....

1 point par bonne réponse.

... / 5

Utiliser le bon registre de langue (→ leçon 56)

7 **Remplace les mots familiers par des mots courants.**

a. J'ai cassé ma bagnole. ....

b. J'ai perdu mon cabot. ....

c. J'ai la trouille. ....

d. Je perds la boule. ....

e. Je déteste les marmots. ....

1 point par bonne réponse.

... / 5

N° d'éditeur 10219226 – Facompo – Avril 2016
Imprimé en Italie par Rotolito